RECHERCHES

HISTORIQUES ET CRITIQUES

SUR

LA MORGUE

PARIS. — IMP. SIMON RAÇON ET COMP., RUE D'ERFURTH, 1

RECHERCHES

HISTORIQUES ET CRITIQUES

SUR

LA MORGUE

PAR

FIRMIN MAILLARD

PARIS
ADOLPHE DELAHAYS, LIBRAIRE-ÉDITEUR
4-6, RUE VOLTAIRE, 4-6

1860

I

LA BASSE-GEOLE DU GRAND-CHATELET

I

LA BASSE-GEOLE DU GRAND-CHATELET

SOMMAIRE. — M. Francisque Michel. — D'Assoucy à la *Morgue*. — Les trois significations de ce mot. — Renseignements étymologiques. — La Basse-Geôle du Grand-Châtelet. — La *Morgue* de Chaillot. — Souvenirs d'un Parisien. — Les religieuses de Sainte-Catherine. — Une *Morgue chrétienne*. — La *Fosse des misérables* au cimetière des Saints-Innocents. — Quelques savants étymologistes. — Ce qu'était la Basse-Geôle ou *Morgue* du Grand-Châtelet. — Une enseigne de marchand de vins. — Une *Morgue* intérimaire. — La *Morgue* au Marché-Neuf.

Un érudit, un bibliophile bien connu, M. Francisque Michel, lisant le récit des folles aventures de Coypeau d'Assoucy,

> Et jusqu'à d'Assoucy, tout trouva des lecteurs

s'arrêta, surpris, à ce passage : « On me conduit donc, dit d'Assoucy, au petit Chastelet, où du guichet étant passé dans la *morgue*, un homme gros, court et carré, vint à moy[1], » et, s'appuyant sur

[1] *La Prison de M. d'Assoucy*, etc., à Paris, de l'imprimerie d'Antoine de Rafflé, MDCLXXIV, in-12, p. 35.

cet extrait, il s'écria à l'article *morgue* de son *Dictionnaire d'argot*[1] : « Il n'est pas un Parisien, un lecteur de nos journaux qui ne connaisse la *morgue*, ce musée de la mort ; mais qui est-ce qui sait qu'il y avait autrefois un petit châtelet, un endroit du même nom? » M. F. Michel commet ici une légère erreur; en parlant du *musée de la mort* il confond *morgue* avec *morgue*, c'est-à-dire la deuxième signification de ce mot, qui en a eu trois bien distinctes, avec la troisième. Et n'accuse-t-il pas un peu trop vite ses concitoyens d'ignorance[2], car pour savoir s'il y avait une *morgue* au Petit-Châtelet — comme alors dans toutes les prisons — il suffirait d'ouvrir le premier dictionnaire venu ; ce que nous allons faire.

Si *morgue*[3] veut dire visage de *mourre*, dénomi-

[1] *Études de philologie comparée sur l'argot*, par M. Francisque Michel. Paris, 1856, in-8.

[2] M. Édouard Fournier vient de publier, il y a très-peu de temps, (je corrigeais alors les *épreuves* de ce livre) un volume intitulé les *Énigmes des rues de Paris*, in-8. Le chapitre XII a pour titre *D'où vient le nom de la Morgue?* « Je vais tâcher de répondre à une question qui m'a bien souvent été faite, je vais essayer de vous dire ce que signifient ces mots : *La Morgue.* » Ainsi commence M. E. Fournier, trop modeste en disant qu'il va *essayer* d'expliquer cette énigme. La chose est donc bien difficile, et à quelle classe de lecteurs s'adresse le livre de M. Fournier, puisqu'il croit que le mot *morgue* est une énigme, et qu'il n'est pas sûr, lui-même, d'en donner une explication bien satisfaisante?

[3] *Murus*, pour *musus ;* de μύτις, nez, selon Huet ; et *micare*, sauter, tressaillir, suivant Ménage. — *Dictionnaire*

nation particulière à l'Auvergne et au Languedoc, selon Ménage [1] ; il signifie mieux encore arrogance ridicule, mine, contenance grave, orgueilleuse,— d'où, le verbe *morguer*, c'est-à-dire braver quelqu'un, le regarder avec insolence, en affectant de la morgue :

« Il n'est pas à présumer qu'un monsieur, à qui on donne tant de commissions et de charges, si dédaigneux et si *morgant*, ne soit plus habile que cet autre, qui le salue de si loin et que personne n'employe. » (Montaigne, liv. III, ch. VIII.)

« S'ils ne vous bravent de paroles, ils vous *morgueront* de fascheux semblans. » (Estienne Pasquier, liv. XIV, let. II.)

« Cette gravité dont vous *morguez* les gens avec vos illustres emplois. » (Cyrano de Bergerac, t. I, p. 55. — Paris, 1699 [2].)

étymologique, critique, historique, anecdotique et littéraire, par Noël et Carpentier, 1839, 2 vol. in-8.

[1] *Les Origines de la langue française*, par Ménage, 1650, 1 vol. in-4.

[2] Les poëtes nous en offrent aussi quelques exemples :

J'aime les gens hardis, dont l'âme non commune,
Morguant les accidens, fait teste à la fortune.
Regnier, sat. XIV.

Pourveu qu'on soit *morguant*, qu'on bride sa moustache,
Qu'on frise ses cheveux, qu'on porte un grand pennache.
Id., sat. III.

Trois conseillers et quatre bons bourgeois
Auprès de là criaient à pleine tête
Et se *morguaient* d'un air très-malhonnête.
Voltaire. *La Guerre civile de Genève*, chap. V.

Au milieu du devant il a planté sa chaise,
Et de son large dos *morguant* les spectateurs
Aux trois quarts du parterre a caché les acteurs.
Molière. *Les Fâcheux.*

C'est dans Richelet[1] que nous trouvons pour la première fois indiquée la seconde signification du mot *morgue* : « *Morgue*. — *Terme des prisons de Paris*. C'est une manière de petit bouge, ou de grande cage grillée, où l'on met un prisonnier d'abord qu'on l'ameine en prison pour en faire remarquer le visage aux guichetiers et le mettre ensuite au lieu où il doit être.

[Mettre un prisonnier à la Morgue, être à la morgue.]

« Les archers qui ameinent des gens en prison ne se servent pas du mot de *morgue*, mais ils disent seulement aux guichetiers : *Faites passer monsieur ou madame*, c'est-à-dire, faites passer monsieur ou madame à la Morgue. »

Le dictionnaire de l'Académie[2] (1694) donne aussi cette seconde signification : « MORGUE. Endroit à l'entrée d'une prison où l'on tient quelque temps ceux que l'on escroue, afin que les Guichetiers puissent les regarder fixément et les reconnoîstre. *On l'a tenu longtemps à la morgue*. »

Dans le dictionnaire de Furetière[3], le mot *morgue* n'a encore que les deux significations dont nous venons de parler : Voici ce qu'il en dit : « *Morgue*, s. f. Le second guichet où l'on tient quelque temps ceux

[1] *Dictionnaire français* de Richelet, Genève, 1685, in-4.

[2] *Dictionnaire de l'Académie*, 1694, 2 vol. in-fol.

[3] *Dictionnaire universel* de Furetière.—Édition augmentée et corrigée par M. Basnage de Beauvais et ensuite par M. Brutel de la Rivière, in-fol., 1727.

qui entrent en prison, afin que les guichetiers les regardent fixément et s'impriment si bien l'idée de leur visage dans leur imagination, qu'ils ne puissent manquer de les reconnaître. Tenir un prisonnier à la *morgue*.

« Morgueur, s. m., Guichetier qui tient le guichet de la morgue. Dans les grandes prisons, il y a au moins deux *morgueurs*. »

Quant au mot *morgue* pour visage, contenance fière : tout cela, dit-il, est du style bas et comique.

Le dictionnaire de l'Académie[1] (1718) donne la troisième signification : « On appelle ainsi *morgue*, un endroit au Chastelet, où les corps qu'on trouve morts sont exposez à la veuë du public, afin qu'on les puisse reconnoistre. *On a porté ce corps à la morgue.* »

Dans son édition de 1732, le dictionnaire de Trévoux[2], qui n'est qu'une réimpression de celui de Furetière, répète ce que celui-ci a dit et ne donne pas la troisième signification du mot *morgue* ; nous la

[1] *Dictionnaire de l'Académie*, 1718, 2 vol. petit in-f. — On lit à la p. 156 des *Énigmes des rues de Paris* de M. E. Fournier : « Au Grand-Châtelet cette geôle changea de destination un peu plus tard ; on y déposa les cadavres trouvés dans la Seine. — G. Brice. *Descript. de la ville de Paris*, 1752, in-12, t. I, p. 513. » On pourrait croire d'après cela que ce changement n'arrivât qu'en 1752, tandis que nous venons de prouver que *la Morgue* (lieu de dépôt de cadavres) existait déjà en 1718, et même en 1714, comme on le verra un peu plus loin.

[2] *Dictionnaire* dit de *Trévoux*, 1732, in-fol.

retrouvons dans l'édition du dictionnaire de Ménage, publiée par Jault, en 1750 [1].

On lit aussi dans l'*Encyclopédie* [2] : « Morgue (*Hist. mod.*). C'est dans les prisons l'intervalle du second guichet au troisième. On donne le même nom à un endroit du Châtelet où l'on expose à la vue du public les corps morts, dont la justice se saisit : ils y restent plusieurs jours afin de donner aux passants le temps de les reconnaître. »

Maintenant le mot *morgue* avait-il cette troisième signification quand d'Assoucy, qui mourut en 1679, écrivait ses aventures ? c'est ce que j'ignore : *On me conduit donc au Petit-Chastelet, où du guichet étant passé dans la morgue*, veut dire simplement dans l'endroit où les prisonniers étaient soumis à une rigoureuse inspection [3]. Du reste, la morgue,

[1] *Dictionnaire étymologique de la langue française* de Ménage, publié par A. F. Jault, 1750, 2 vol. in-fol.

[2] *Encyclopédie, ou dictionnaire raisonné des sciences, des arts et des métiers*, 1765, in-fol.

[3] On sentait l'erreur tellement possible, que, dans la dernière édition des *Aventures burlesques de d'Assoucy* (1 vol. in-16, *Bibliothèque Gauloise* de Delahays), M. E. Colombey a mis en note quelques lignes extraites du *Dictionnaire de Trévoux* :

« Comme *Morgue* signifie visage, de là on a appelé *Morgue* le second guichet où l'on tient quelque temps ceux qui entrent en prison, afin que les guichetiers les regardent fixément et s'impriment si bien l'idée de leur visage dans l'imagination, qu'ils ne puissent manquer de les reconnaître. »

Nous avons dit que le *Dictionnaire de Trévoux* n'est qu'une réimpression du *Dictionnaire* de Furetière.

considérée comme dépôt de cadavres, était située au Grand-Châtelet et non au Petit, et s'appelait la *Basse-Geôle* ou *Morgue*. « Le bureau des huissiers-priseurs est dans la cour du Châtelet, près duquel il y a un lieu nommé la Morgue, où l'on expose pendant quelques jours les cadavres de ceux qui ont été tuez ou péris misérablement[1]. » Nous trouvons maintenant dans Thiéry un renseignement doublement précieux en ce qu'il constate l'existence d'une morgue à Chaillot. « Tout près du corps-de-garde de la Compagnie du Lieutenant criminel en robe courte est la MORGUE, où l'on expose les cadavres de ceux qui ont été trouvés tués ou noyés, ou qui ont péri misérablement. L'escalier, placé à droite, conduit aux différentes chambres ou tribunaux de justice. » Voici pour Chaillot : « Près de leur mur de clôture (il parle du monastère des religieuses de la Visitation), sur le bord de l'eau est un vieux bâtiment où la *Prévôté royale de Chaillot* tient ses audiences les samedis à trois heures de relevée. Les prisons de cette juridiction sont dans le même endroit ; attenant à la porte de sortie, sur le bord de la rivière, est une *morgue*. — (On appelait morgue autrefois une petite chambre placée à l'entrée des prisons, où l'on menait d'abord les prisonniers, pour donner le temps aux guichetiers de les bien reconnaître. Aujourd'hui on donne ce nom à un endroit où l'on expose les

[1] Les *Curiositez de Paris, de Versailles, de Marly, de Vincennes, de Saint-Cloud et des environs*, par L. R. (Lerouge) C. Saugrain (voy. Barbier), 1716, 1 vol. in-12.

corps morts trouvés la nuit dans les rues. Ce lieu étant à Paris à proximité des prisons du Châtelet, ce sont les guichetiers qui en gardent la clef : il en est de même à Chaillot[1].) »

D'après un renseignement fourni par l'auteur de l'*Histoire artistique et archéologique de la gravure en France*, et de très-curieuses *Études archéologiques sur les anciennes enceintes de Paris*, M. A. Bonnardot, que je remercie ici, ainsi que M. Paul Lacroix (*Bibliophile Jacob*) de toute la bienveillance avec laquelle ces messieurs me sont venus en aide, j'ai trouvé dans la *Géométrie de* Manesson Mallet[2] une curieuse estampe représentant la cour du Grand-Châtelet ; au fond, à gauche de la grande porte du milieu, se trouvent deux petites portes, la première était la porte de la morgue, la seconde conduisait à l'endroit où on lavait les cadavres. « J'ai (M. A. Bonnardot) visité deux fois, rue Pierre-à-Poissons, une cour très-étroite, dépendance d'un petit restaurant établi sur la place du Châtelet. Dans un coin était un puits dont l'eau servait à laver les corps, qu'on portait ensuite dans une salle basse de la cour du Châtelet, près du vestibule du principal

[1] *Guide des amateurs et des étrangers voyageurs à Paris*, etc., par Thiéry, 1786, 2 vol. in-12. Le 2e vol. est de 1787, t. I, p. 46 et 486.

[2] La *Géométrie pratique divisée en quatre livres*, par Allain Manesson Mallet, 1702, 4 vol. in-8. Cet ouvrage renferme 500 planches dont quelques-unes sont devenues assez rares, entre autres, celle dont je parle, et qui est la pl. LII du t. I.

escalier. Sous le vestibule, à gauche, une lucarne (vitrée sans doute) avait vue sur ce lugubre caveau. Un vieux serviteur de mon père a souvent monté les marches de cet escalier et appliqué l'œil à cette lucarne[1]. »

Maintenant si l'on me demandait dans quel endroit de Paris étaient exposés les cadavres trouvés dans les rues, avant l'existence de la Basse-Geôle du Grand-Châtelet, je serais assez embarrassé. Quelques écrivains tranchent résolûment la question : « Nous avons déjà remarqué, dit M. A. Bonnardot dans l'article cité plus haut, que les Filles-Hospitalières de Sainte-Catherine se chargeaient autrefois de prendre en dépôt et d'ensevelir les corps inconnus trouvés dans la rue ou près de la rivière. Plus tard, ce fut au Grand-Châtelet qu'on les déposa. La morgue du Châtelet est déjà indiquée en 1714 sur le plan de La Caille. »

Les religieuses de l'hôpital Sainte-Catherine, — hospice dirions-nous aujourd'hui, — les *Catherinettes*, comme les appelait familièrement le peuple qui les aimait beaucoup, étaient, à la vérité, char-

[1] *Iconographie du vieux Paris*, par M. A. Bonnardot : travail inséré dans la *Revue universelle des arts*, publiée par P. Lacroix (*Bibliophile Jacob*), t. IV, 2e année, 1856-1857.

A propos d'iconographie, nous dirons qu'il n'existe que de très-mauvaises estampes représentant la Morgue, et, à part une eau-forte de Méryon, publiée il y a quelques années, et une de Léopold Flameng (*Paris qui s'en va*, 1859, in-fol.), qui paraîtra avant mon livre, je ne vois rien sur ce sujet qui vaille l'honneur d'être cité.

gées de la sépulture des personnes trouvées mortes dans Paris, mais les exposaient-elles ?

« Plus, elles sont tenues de recueillir en ladite maison tous les corps morts, ès prisons, en la rivière et par la ville et aussi ceux qui ont esté tuez par ladite ville. Lesquels le plus souvent on apporte tout nuds, et néanmoins elles les ensevelissent et fournissent de linge et suaires à leurs dépens, payent le fossoyeur et les font enterrer au cimetière des Saincts-Innocents. Lesquels quelques fois sont en si grande quantité, qu'il se trouve par acte signé des greffiers de justice, avoir esté portez en ladite maison en moins de quatre mois, quatre-vingts et dix-huict corps morts[1]. »

Voilà ce que dit le R. P. Du Breul ; — Sauval répète en peu de mots la même chose : « Dans le onzième siècle et le suivant, et peut-être auparavant même, des gens de bien fondèrent le Roule et Saint-Lazare pour les ladres ; Sainte-Marie-Égyptienne pour les pauvres femmes veuves ; Sainte-Catherine pour enterrer les personnes noyées, mortes et tuées dans les rues ; de plus pour retirer la nuit les pauvres filles et les pauvres femmes[2]. »

Germain Brice dit nettement « qu'elles sont obligées de faire enterrer les corps de ceux que l'on trouve morts en divers endroits de la ville, que l'on

[1] Le *Théâtre des antiquités de Paris*, par le R. P. F. J. Du Breul, parisien. Paris, 1612, in-4, p. 953.

[2] Les *Antiquités de Paris*, par Sauval, 3 vol. in-fol., t. I, p. 508.

exposé pendant quelques jours au Châtelet pour être reconnus, dans un lieu nommé la *morgue*[1]. »

Elles étaient, en effet, obligées d'accomplir ce pieux devoir par les statuts même de leur maison, et dans les lettres patentes qu'elles obtinrent au mois de mars 1688, il est dit : « Que ladite maison a été établie dans le onzième siècle, pour retirer les pauvres femmes et filles qui n'ont aucune retraite et qui cherchent condition.... et qu'elles sont encore chargées de la sépulture des personnes noyées, trouvées mortes, et ont soin de leur inhumation[2]. »

Cette inhumation avait lieu au cimetière des Innocents, sur lequel ces religieuses avaient un droit[3]; citons toujours le P. Du Breul : « Secondement les dames de Saincte-Catherine pour tous les corps qui sont apportez de l'hospital de Saincte-Catherine, de Sainct-Jacques de la Boucherie et du Chastelet de Paris, et ailleurs. »

Gaillard Spifame, trésorier de Normandie, enfermé à la Bastille, puis au Palais, se tua en se précipitant par une fenêtre. Tous ses biens, et notamment sa maison située près de la fontaine Saint-Leu et Saint-Gilles, ayant été confisqués, il était mort indigent. En conséquence son corps « fut porté au cimetière

[1] *Description de la ville de Paris*, par G. Brice, 4 vol. in-12, 1752, t. I, p. 478.

[2] *Description historique de la ville de Paris*, par Piganiol de la Force, 1765, t. II, p. 148.

[3] « C'est à scavoir d'y faire faire les fosses pour les corps morts qui y sont apportez, par tel que bon leur semble, et en prendre les profits et émolumens. » — Du Breul.

des Innocents, en *la fosse des misérables* qu'on dit de Saincte-Catherine [1]. »

En voilà assez sur cette *morgue chrétienne*, comme l'a appelée un historien dont le nom m'échappe; M. Gozlan, plus sceptique, pense « qu'on doit à l'esprit philosophique, plus encore qu'à la piété religieuse, la consécration de ce monument, c'est dire que la morgue — bâtiment dont l'appellation est sans étymologie précise [2], — date d'une époque peu éloignée [3]. »

Mais inutile de multiplier davantage les citations; revenons donc à la morgue, c'est-à-dire à l'endroit où l'on exposait les cadavres trouvés morts dans les rues de Paris et plus souvent encore les cadavres dont se saisissait la justice, ceux que le désespoir avait poussés au suicide, et ceux qui étaient tombés sous les coups d'un assassin, endroit situé comme nous l'avons vu au Grand-Châtelet, dans une salle basse que l'on appelait aussi *Basse-Geôle*.

[1] *Journal d'un bourgeois de Paris sous François Ier*, édité par Lalanne, cité dans l'*Iconographie du vieux Paris* de M. Bonnardot.

[2] L'étymologie que nous avons donnée étonnera M. Gozlan, mais elle étonnera davantage encore M. Edmond Texier qui, dans son *Tableau de Paris*, à l'article *Morgue*, article dont nous parlerons plus loin, s'est écrié : *Un petit monument qui s'appelle la Morgue?* (*Quelle peut être l'étymologie de cette appellation?*) — Il est évident, du reste, que l'article de M. E. Texier a été fait, en grande partie du moins, sur celui de M. Gozlan.

[3] *Paris* ou *Le livre des Cent et un*, 1832, publication de Ladvocat : article intitulé *La Morgue* et signé Léon Gozlan.

C'était alors un endroit humide, sombre, un réduit infect d'où s'échappaient sans cesse les émanations les plus fétides ; là, les cadavres, jetés les uns sur les autres, attendaient que les parents, une lanterne à la main, vinssent les y reconnaître. Depuis, la municipalité y apporta certaines améliorations ; mais, si l'on en croit Prudhomme, ce ne fut jamais un endroit bien propre, car de son temps « on avait pratiqué à la porte une espèce de lucarne où, en se bouchant le nez, on regardait les corps qui étaient étendus ; ce lieu était rarement vuide. — Rien de plus affreux[1].... » Les choses allèrent ainsi jusqu'en 1804, époque à laquelle on a bâti le petit monument que l'on voit sur le quai du Marché-Neuf. « Le conseiller d'État, préfet de police, vient d'ordonner qu'à compter du 1er fructidor, la Basse-Geôle du ci-devant Châtelet serait fermée, et que les cadavres retirés de la rivière ou trouvés ailleurs dans le ressort de la préfecture de police, et qui n'auraient pas été réclamés, seraient désormais transportés et déposés dans la nouvelle morgue établie sur la place du Marché-Neuf, division de la Cité[2]. »

Si on pouvait s'en rapporter aux lignes qui suivent, une maison de la ruelle de l'Arche-Popin aurait servi de dépôt pendant quelque temps : « Je

[1] *Miroir historique, politique et critique de l'ancien et du nouveau Paris*, par Prudhomme, 3e édition, 1807, in-18, t. II, ch. XXVI, p. 74.

[2] *Journal de Paris* (n° 333, 3 fructidor, an XII). Voy. l'ordonnance du 29 thermidor an XII, au chap. suivant.

finirai, c'est M. Bonnardot qui parle, par quelques détails sur une enseigne peinte (barbouillée si l'on veut) à l'huile et sur toile, vers 1820, peut-être d'après une plus ancienne. Je l'ai en nature sous les yeux ; cette toile tout écroûtée, portant un mètre sur soixante centimètres, était placée au-dessus de la porte d'un marchand de vin (ou d'un boulanger) de la rue Saint-Germain-l'Auxerrois, en face de l'*Arche-Popin*, nommée *Pépin* par altération[1]. Vers 1840 elle se trouvait à l'état de radeau parmi un tas de ferrailles chez un bric-à-brac, établi sur l'emplacement même de la ruelle; il me la vendit deux francs.... (M. Bonnardot décrit cette enseigne, puis il ajoute) : Au premier plan, contre la muraille, est appliqué un assemblage de poutres, formant une sorte de grue, avec une poulie au sommet. Cette machine, que je n'ai jamais remarquée, servait probablement autrefois à charger les tonneaux d'un brasseur. Un vieillard, qui regardait l'enseigne au moment où je la déroulais, m'assura avoir vu, dans sa jeunesse, cette grue employée à hisser au niveau d'une fenêtre du premier étage des cadavres pêchés dans la rivière. — Je m'explique cette circonstance, qui ne peut être une fable inventée à plaisir : quand en 1802 on démolit le Grand-Châtelet, où l'on exposait alors, dans une salle basse de la cour occidentale, les cadavres inconnus trouvés dans les rues ou

[1] M. Bonnardot a parfaitement raison : Jehan Popin (et non Pépin) était prévôt des marchands de la ville de Paris sous Philippe le Bel, de 1293 à 1296.

au fond de la Seine, on dut, en attendant que la Morgue actuelle fût disposée dans la vieille boucherie du Marché-Neuf[1], chercher un local provisoire dans les environs: on aura fait choix de cette maison de la sale ruelle de l'Arche-Popin[2]. »

Mais rien n'est moins certain ; M. Bonnardot ajoute : « Je possède une petite aquarelle, pochée avec talent, d'après nature, vers 1820, par feu M. Goblain, artiste dont il sera question plus d'une fois à l'article Dessins. Elle représente cette même ruelle, mais plus exactement que l'enseigne. On y sent la pente du terrain et la saillie des maisons de droite, sur le vieux mur de leurs rez-de-chaussée. L'agencement des principaux détails est rendu par quelques traits de plume rehaussés de couleurs. On n'y voit pas figurer la grue, qui certes n'est pas une fantaisie du badigeonneur d'enseignes, car l'inventer, c'eût été se créer une difficulté gratuite. »

En 1809, il fut question de la mettre autre part. « On assure que la Morgue, ce triste monument du malheur, du désespoir et des folies humaines, va être transférée entre le pont Saint-Michel et le Petit-

[1] En effet, le Marché-Neuf avait originairement deux boucheries: l'une fut abattue pour l'agrandissement de la place, l'autre resta jusqu'à l'installation de la Morgue dans son échaudoir. Cette dernière boucherie avait été bâtie en 1658, sous le règne de Charles IX, et, dit-on, par Philibert Delorme; ce qu'il y a de plus certain, c'est que les ornements qui décoraient sa porte étaient dus au ciseau de Jean Goujon.

[2] *Iconographie du vieux Paris*, par M. A. Bonnardot.

Pont, près la rue de la Huchette[1]. » Mais ce bruit était sans fondement et la Morgue resta toujours à la place où on la voit aujourd'hui. Seulement en 1830, elle fût reconstruite, agrandie ; de grandes améliorations y furent faites. « Le nouvel établissement de la Morgue vient d'être achevé, les inconvéniens que présentait l'ancien dépôt et que l'on avait fréquemment remarqués, ont disparu dans le local nouveau, préparé par les ordres du conseiller d'État, préfet du département de la Seine. Trois salles sont consacrées dans le local actuel au service matériel de l'établissement ; une salle est destinée à l'exposition ; les corps seront placés séparément sur des tables de marbre noir et vus de l'extérieur au travers de glaces ; une seconde salle est consacrée à l'ouverture des corps qui devront subir quelque opération ou vérification ; enfin, une troisième salle tenant aux deux précédentes, est affectée à déposer dans la bière, pour être ensuite conduites au cimetière, les victimes du désespoir ou d'un hasard malheureux[2]. »

Et comme tout va fort lentement, surtout en matière de réformes administratives, le même journal disait en 1835 : « D'utiles travaux s'exécutent en ce moment à la Morgue. Un réservoir vient d'être établi dans l'intérieur du bâtiment, de manière que chacune des salles destinées à recevoir les cadavres exposés pourra être constamment lavée. Cette nouvelle

[1] *Journal des Débats* (16 janvier 1809).
[2] Le *Constitutionnel* (30 juillet 1830).

mesure, ajoutée à celles qui ont été prises déjà pour assainir la Morgue, est généralement approuvée par les habitants de ce quartier, pour lesquels ce voisinage n'offrira plus désormais aucun inconvénient [1]. »

[1] Le *Constitutionnel* (28 juin 1835).

II

DESCRIPTION DE LA MORGUE

II

DESCRIPTION DE LA MORGUE.

SOMMAIRE. — Le nº 21 du quai du Marché-Neuf. — La *Salle d'exposition*. — L'argot à la *Morgue*. — Uniforme de l'endroit. — Un observateur consciencieux. — Le *Greffe*. — MM. Texier et Gozlan. — Les BALS DE LA MORGUE. — Vivants et morts. — *Salle de dissection*. — La *Remise*. — Le *Lavoir*. — La *Salle des morts*. — Description de la *Morgue*, par M. Victor Hugo.

La Morgue est un petit monument qui a assez l'air d'un tombeau grec; sa façade donne sur le quai du Marché-Neuf, une porte cochère ouverte aux deux battants en est la seule entrée : au-dessus de la porte, le nº **21** et un drapeau. Vous entrez dans un grand vestibule qui reçoit le jour par le haut; à gauche ce vestibule est coupé par un châssis vitré derrière lequel se trouvent deux rangées de cinq tables chaque : c'est la *Salle d'exposition*. Ces tables sont en marbre noir; elles sont inclinées du côté du vitrage et à l'extrémité supérieure de chacune d'elles est une sorte d'oreiller carré, oreiller de cuivre, sur lequel est appuyée la tête du cadavre de façon à être bien en vue. Les cinq tables adossées au mur sont principalement affectées au service des corps qui ont séjourné dans l'eau, au service des *macchabées*[1], comme on dit à la Morgue ; des robinets, terminés par un petit tuyau criblé inférieurement et à son extrémité, de trous très-fins, de manière à figurer un arrosoir et placés au-dessus de la tête, laissent couler de l'eau fraîche sur le cadavre ; cette eau en arrète un peu la décomposition[2]. Le cadavre est étendu sur cette table, les parties de la génération couvertes par un carré de cuir. Une barre de fer garnie de crochets, barre assez semblable à celle que l'on voit chez les bouchers, est fichée dans la muraille de manière à passer au-dessus des cadavres ; les vêtements qui, — eux aussi, — servent à faire reconnaître, y sont accrochés, ainsi que le long du mur, lequel est égale-

[1] MACCABÉ, MACCHABÉE. S. m., *noyé*. Je ne vois d'autre origine à cette expression que la lecture du ch. XII du 2e livre des Macchabées qui a encore lieu aux messes des morts ; ou plutôt c'est de là que sera venue la *danse macabre*, dont l'argot aura conservé le souvenir dans les deux mots ci-dessus. Ils sont devenus populaires. — Extrait des *Études de philologie comparée sur l'argot* de M. F. Michel.

[2] « Car, dit M. Devergie, il est démontré que dans certaines saisons, il y a une différence de près d'un mois dans les progrès de la putréfaction, suivant que les cadavres restent exposés à l'air libre ou sont placés dans l'eau courante. » En outre, cette eau, lavant continuellement le corps, entraîne avec elle le sang et les matières sanieuses, qui s'échappent des narines, de la bouche, des oreilles et des pores même de la peau. *Annales d'hygiène publique et de médecine légale*, t. VII, p. 85.

ment garni de crochets[1]. Cette salle d'exposition reçoit de l'air et de la lumière par un châssis vitré qui se trouve au-dessus. Le vitrage derrière lequel sont exposés les cadavres est protégé du côté du public par une balustrade en bois contre laquelle s'appuient les visiteurs. J'ai dit plus haut que les parties sexuelles des exposés étaient couvertes d'un petit tablier de cuir; c'est là, en effet, l'uniforme de la Morgue, n'en déplaise à M. Louis Énault[2], que je tiens pour un charmant esprit, mais pour un observateur bien superficiel, puisqu'il assure y avoir vu une jeune femme dans les conditions suivantes : *Un lambeau d'étoffe recouvrait ce qu'il fallait cacher.....* C'est plus dramatique et plus émouvant, le malheur est que la pauvre femme, — si encore

[1] C'est encore à l'intelligente initiative de M. Devergie que l'on doit cela : « Lors des événements de juillet 1830, l'encombrement était tel, que je crus devoir demander que des tringles en bois, garnies de crochets, fussent placées dans la salle d'exposition, afin de faciliter, par la suspension des vêtements, la reconnaissance des individus qui avaient succombé. Depuis cette époque, cette habitude a été conservée à l'égard des effets de tous les individus apportés à la Morgue. » *Annales d'hygiène. Id., id.*

Cependant je ferai remarquer que l'article 6 de l'arrêté du 9 floréal an VIII — arrêté que l'on trouvera tout entier au chapitre suivant — prescrivait cette mesure : « Aussitôt la réception du cadavre à la basse-geôle, il sera exposé nu aux regards du public, avec les précautions dues à la décence et aux mœurs; *ses vêtements seront suspendus à côté, pour aider à la reconnaissance.* »

[2] La *Morgue*, — article publié dans le *Figaro*, n° 185, 23 novembre 1856.

c'est une femme que M. Énault a vue, — n'avait comme les autres que le tablier de cuir. Il continue ainsi sa description : *A côté d'elle un gros bouquet de tubéreuses et de narcisses, que l'on avait arraché de ses mains de morte crispées*..... Non, la Morgue est mieux tenue que cela, son dramatique à elle est plus vrai et plus saisissant mille fois que toutes vos inventions; mais poursuivons. A droite du vestibule se trouve une porte verte sur laquelle est écrit ce mot : GREFFE[1].

C'est là le greffe, un petit bureau qui peut encore contenir sept ou huit personnes et qui n'est occupé du reste que par le greffier-directeur de l'établissement. C'est dans ce bureau que se trouve la curieuse bibliothèque de la Morgue, riche même de quelques anciens registres de la *Basse-Geôle du Grand-Châtelet*. Le greffe reçoit le jour du côté du pont Saint-Michel; c'était il y a quelques années un endroit assez malpropre, mais, grâce à l'administration, ce bureau est aujourd'hui fort convenable; le greffier y vient de dix heures du matin à quatre heures du soir : il ne couche pas à la Morgue. M. Fourtet, le prédécesseur du greffier actuel, M. Fourtet qui a rempli ces fonctions pendant vingt ans, n'habitait pas non plus la Morgue ; de quel greffier a donc voulu nous parler M. Texier dans son tableau de Paris publié en 1852 : *Dans ce bâtiment habite un greffier qui, lui aussi,*

[1] Non loin de cette porte est un petit guichet d'où le greffier peut facilement surveiller ce qui se passe dans la *Salle d'exposition*.

a une famille. Qui sait si la fille du greffier n'a pas un piano dons sa chambre, et, si le dimanche soir, elle ne fait pas danser ses amies au son des ritournelles de Pilodo ou de Musard[1]. — Oui, qui sait?

Après l'attentat du neuf Thermidor il y eut à Paris le *Bal des Victimes*; on y allait coiffé *à la victime*, c'est-à-dire les cheveux coupés à fleur du col; les femmes devaient être revêtues d'un châle rouge; pour être admis à ce bal, il fallait avoir perdu un parent sur l'échafaud. Pourquoi donc n'y aurait-il pas les *Bals de la Morgue*, où, pour être reçu, il serait nécessaire d'avoir eu un membre de sa famille sur les dalles de marbre?

Mais M. Texier va me dire qu'avant de faire son article il avait lu celui de M. Léon Gozlan et qu'il en a pris les choses les plus saillantes, oubliant, il est vrai, que M. Gozlan écrivait en 1830, et que, si les choses racontées par lui étaient exactes, elles avaient pu changer en 1852. Au surplus voici ce que dit M. Gozlan[2], je le donne sous toutes réserves; avant 1830 le greffier, M. Perrin, et son garçon-morgueur, un nommé François, habitaient la Morgue chacun avec sa famille respective: « Ce sont là, dit M. Perrin à M. L. Gozlan, quatre de mes filles; j'ai eu huit enfants. François, le gardien, en a eu quatre, et il a eu le bonheur de les marier tous les

[1] E. Texier. Le *Tableau de Paris*. 1852. 1 vol. gr. in-fol.
[2] *Paris* ou *le Livre des Cent et un*. 1832, in-8., t. I.

quatre. » — Cela suppose déjà SEIZE personnes; continuons : François le morgueur montre son appartement : « Son mobilier est confortable : deux pendules modernes montées sur bronze; une commode à tête de Méduse, une descente de lit faite d'un beau tapis à rosaces et un lit de toute hauteur. — Des vases de fleurs jettent un reflet vert sur les rideaux. François cultive les fleurs. Parmi les tableaux de son choix je vois les portraits d'Augereau et de Kléber, tous deux en habits longs, appuyés sur de grands sabres, en perruque et en poudre. Napoléon y est trois fois. »

Quant à l'appartement de M. Perrin, « il se compose de trois pièces (TROIS PIÈCES !) qui vont en diminuant de hauteur. A droite et à gauche du mur sont fixés les lits des enfants. Rien de plus humide, de plus écrasé que cette masure (oh ! nous le croyons sans peine). Le propriétaire l'a égayée de jets d'eau, de jolis enfants et de meubles d'assez bon goût. » Puis M. Gozlan parle d'une salle où sont les vêtements et de la salle de dissection. « Cette salle se superpose point par point au salon de M. Perrin ; la table de dissection répond au piano de mademoiselle. Il y a un piano à la Morgue ! »

Ah ! le voilà donc ce fameux piano ! Maintenant dansait-on à la Morgue avant 1830 ? M. Gozlan, moins vif que M. Texier, a tâté là-dessus le greffier; il lui a posé cette question insidieuse : « Que faites-vous pendant les longues soirées d'hiver, vous devez bien vous ennuyer ? » A quoi le prudent

M. Perrin, — loin d'avouer qu'il donnait des soirées dansantes, — a répondu avec bonhomie : « Mes enfants chantent (*ah diable!*), toutes travaillent, François et moi nous jouons aux dames ou au piquet. Le malheur, c'est que nous sommes souvent dérangés. On frappe et il faut descendre ; préparer une pierre, déshabiller le nouveau venu, l'enregistrer. Tout cela coupe la partie ; on oublie de marquer les points..... »

Allons, assez de citations. Si M. Gozlan voulait me donner sa parole que tout ce qu'il dépeint là, il l'a vu; que tout ce qu'il raconte, il l'a entendu; que son imagination, son esprit, auxquels nous devons tant et de si jolies choses, ne sont pour rien dans ce récit, eh bien..... Mais M. Gozlan me dira avec raison : « Je ne donne pas ma parole pour des choses aussi futiles ; et que me reprochez-vous? de vous avoir intéressé, d'avoir dramatisé la situation en vous montrant un enfant tout blond, tout rose, tapotant du piano et faisant danser d'autres enfants blonds et roses, au milieu de cadavres que le malheur, le désespoir ou l'assassinat ont amenés en cet endroit ; de vous avoir raconté l'histoire impossible, mais émouvante, d'une Normande et de son nourrisson qui, tous les deux et l'un par l'autre, arrivèrent à la Morgue, etc. »? Et M. Texier, qui est un journaliste de talent et d'esprit, et M. L. Énault, et tous me donneront mille raisons que je trouverai mauvaises tout ingénieuses qu'elles puissent être ; la Morgue est un établissement qui touche de trop près à la grande morale publique pour être traitée aussi légèrement ; on verra plus loin l'influence qu'exercent sur le public ces fausses descriptions.

En somme il est un fait constant, c'est qu'avant 1830 le greffier habitait la Morgue avec sa famille ; à voir l'exiguïté de ce monument, on se demande comment il faisait. — C'était bien de la place que ces vivants prenaient aux morts !

Revenons à notre description : Derrière le greffe, du côté de la Seine se trouve la *Salle de dissection ;* elle renferme deux tables, dont l'une, celle qui est au milieu de la salle, est garnie d'un appareil désinfectant communiquant avec un fourneau d'appel de près de deux mètres de haut placé dans la pièce voisine. C'est sur cette table que se fait l'autopsie des cadavres dont la justice suspecte le genre de mort. A droite et à gauche, au fond, dans les encoignures, se trouvent deux petits placards contenant des bouteilles de chlore, des réactifs, etc. ; — à gauche une fontaine. Cette salle reçoit de l'air et de la lumière d'une petite lucarne qui donne du côté du pont et d'une fenêtre ouverte sur la rivière ; c'est la première des cinq fenêtres qui sont derrière la Morgue. La seconde éclaire une petite pièce voisine dans laquelle se trouve la voiture, ou plutôt le fourgon qui sert à transporter les cadavres. C'est un tombereau peint en vert foncé, il est couvert et n'a rien qui puisse le faire remarquer ; c'est là dedans que les cadavres sortent pour aller au cimetière lorsqu'ils ne sont pas reconnus ou qu'on ne les a point réclamés.

A côté se trouve le *Lavoir*; il est séparé de la pièce dont nous venons de parler par le petit escalier qui conduit à l'étage supérieur. Ce *Lavoir* consiste en un bassin à hauteur d'appui, rempli d'eau, et pourvu d'une pierre longue et large qui lui sert de margelle, une sorte d'évier contre lequel le derrière de la voiture qui apporte un cadavre peut s'appuyer: on amène le cadavre sur cette large margelle et les morgueurs le lavent à l'aide d'un tuyau de pompe adapté à un gros robinet placé au-dessus du bassin. J'ai souvent entendu dire au public de la Morgue, aux habitués enfin, — lesquels, entre parenthèse, ont les idées les plus fausses sur cet établissement, — que les morgueurs déshabillaient le cadavre à l'aide de deux bâtons au bout desquels se trouve un crochet de fer; insensiblement cela a fait dire qu'il leur était défendu de toucher au cadavre et qu'ils devaient absolument lui enlever ses habits à l'aide de cet instrument, chose matériellement impossible. Ils se servent en effet de ces crochets pour ôter les chaussures et remuer dans l'eau les vêtements de cadavres qui, par exemple, ont séjourné deux ou trois mois dans la Seine et qui sont dans un état réellement impossible à décrire. Cette salle est éclairée par deux fenêtres, — donc la troisième et la quatrième, — et a son entrée directement en face de la grande porte de la Morgue, celle par où pénètre le public.

Vient enfin la dernière salle du rez-de-chaussée, la *Salle des morts*. Elle est voûtée, son aspect est véritablement lugubre; toute petite, elle contient quatre tables sur lesquelles sont déposés les corps d'individus reconnus ou dont l'état de décomposition est tel, qu'ils n'ont plus droit qu'à l'inhumation immédiate. Des demi-cylindres en toile métallique les recouvrent et les mettent à l'abri des insectes. Là aussi est placé le *réservoir* qui distribue de l'eau dans tout l'établissement. Cette salle est éclairée par la cinquième fenêtre à gauche du pont Saint-Michel, elle donne directement dans la *Salle d'exposition*.— Inutile de dire que le public peut y entrer sans pour cela traverser les autres salles.

Voilà le rez-de-chaussée de la Morgue. Quant aux combles, il s'y trouve un endroit dans lequel sèchent les vêtements des noyés, et une petite salle de garde propre et aérée où couche celui des deux morgueurs qui se trouve de service et qui doit à toute heure être prêt à ouvrir à la mort.

Telle est la description exacte et minutieuse de cet édifice ; nous n'avons rien ajouté, nous n'avons rien omis. Quant aux améliorations dont il est susceptible, nous n'en parlerons pas. Ce monument dont nous venons de nous faire l'historien est à l'heure qu'il est frappé de mort ; la Morgue, honteuse, fuit devant le boulevard de Sébastopol. Reconstruite sur de nouveaux plans, plus grande, plus aérée, elle verra disparaître les quelques inconvénients qui subsistent encore aujourd'hui[1]. Malgré tout cela, je doute

[1] Je crois que l'Administration n'a qu'une chose à faire, c'est de suivre complétement les excellents conseils de M. Devergie. *Rapport à M. le Préfet de police sur les inconvénients at-*

qu'elle arrive jamais aux magnificences qu'a rêvées pour elle M. Victor Hugo.

Le poëte parle du *Spladgest* (nom de la Morgue de Drontheim) et il dit : « A l'époque déjà loin de nous, et dans le pays peu civilisé où j'ai transporté mon lecteur, on n'avait point encore imaginé, comme dans nos villes de boue et d'or, de faire de ces lieux de dépôt des monuments ingénieusement sinistres et élégamment funèbres. Le jour n'y descendait pas à travers une ouverture de forme tumulaire, le long d'une voûte artistement sculptée, sur des espèces de couches où l'on semble avoir voulu laisser aux morts quelques-unes des commodités de la vie, et où l'o-

tachés aux dispositions actuelles de la Morgue; proposition tendant à les faire disparaître; description d'une Morgue modèle, publié dans le t. VII, p. 75 des *Annales d'hygiène et de médecine légale.*

Voy. aussi le *Mémoire sur l'assainissement des amphithéâtres d'anatomie et de la Morgue de Paris et sur un nouveau mode d'embaumement*, par le docteur Sucquet, 1844, in-8 d'une demi-feuille. « J'ai laissé entrevoir déjà, dans cette communication, l'intérêt que l'injection (chlorure de zinc neutre) des cadavres de la Morgue peut offrir, pour la constatation de l'individualité des morts qu'on apporte dans cet établissement, c'est en prévenant leur putréfaction, soit en l'arrêtant lorsqu'elle s'est développée et en ramenant les tissus, souvent verdâtres et crépitants, à l'aspect qu'ils offrent après la mort. — Outre que cette méthode favoriserait la recherche de la criminalité, il serait décent et convenable que dans une ville comme Paris, qui peut se dire, à bon droit, le centre des mœurs élégantes et civilisées, on ne fût point obligé d'étaler à tous les yeux le hideux spectacle de la décomposition humaine. » Pag. 7.

reiller est marqué pour le sommeil. Si la porte du gardien s'entr'ouvrait, l'œil, fatigué par des cadavres nus et hideux, n'avait pas, comme aujourd'hui, le plaisir de se reposer sur des meubles élégants et des enfants joyeux. La mort était là dans toute sa laideur, dans toute son horreur, et l'on n'avait point encore essayé de parer son squelette décharné de pompons et de rubans[1]. »

La *ville de boue et d'or* est naturellement Paris, le monument *ingénieusement sinistre et élégamment funèbre*, c'est la Morgue, etc., — et c'est cependant ainsi qu'on a presque toujours écrit sur la Morgue!

[1] *Han d'Islande*. V. Hugo.

III

ADMINISTRATION

III

ADMINISTRATION

SOMMAIRE. — Personnel administratif. — Les mains blanches des *morgueurs*. — Déclarations, ordonnances, arrêtés, etc. — Formalités à observer lors de la découverte d'un cadavre (1712). — De la manière de faire le procès au cadavre ou à la mémoire d'un défunt. — Sentence de M. le prévôt de Paris. — Translation de la *Morgue* sur la place du Marché-Neuf. — Dépôts à la *Morgue* (1822). — ARRÊTÉ RÉGLEMENTAIRE DU SERVICE INTÉRIEUR DE LA MORGUE. — Entrée d'un cadavre à la *Morgue*. — Sortie. — Les registres de la *Morgue*.

La Morgue dépend de la Préfecture de Police et fait partie de la première division. Le personnel de so administration n'est pas nombreux; il se compose de M. A. Devergie, qui est le médecin inspecteur de la Morgue, de M. A. Tardieu chargé de faire les autopsies, et d'un greffier. — Viennent ensuite les deux garçons de service; ces garçons auxquels MM. Gozlan et Texier ont été si étonnés de ne pas trouver une physionomie plus effrayante. « Il (le morgueur) ressemble, dit M. Texier, à tous les artisans, dans ses manières et dans son costume [1]; mais

[1] Et je dirai aux personnes qui, cherchant à faire du dram hors de propos, auraient remarqué que les deux morgueurs

ses mains sont généralement plus blanches que celles des ouvriers, parce que sa profession l'oblige à les laver très-souvent. » M. Gozlan avait fait la même remarque au sujet des mains.

La Morgue reçoit des corps non-seulement de Paris, mais de toutes les communes de la banlieue, des communes de Sèvres, Saint-Cloud, Meudon, comprises dans le ressort de la Préfecture de Police, et même d'Argenteuil, Saint-Germain, etc.

Nous allons donner ici les ordonnances, déclarations, sentences, etc., qui ont trait à la Basse-Geôle et depuis à la Morgue. Comme elles s'enchaînent et qu'elles offrent des particularités assez curieuses, nous n'avons pas cru devoir les séparer ni en retrancher quoi que ce soit se rattachant à notre sujet.

DÉCLARATION *portant règlement pour les formalités à observer lors de la découverte d'un cadavre*[1].

Fontainebleau, 5 septembre 1712.

« Louis, etc. Nous avons été informé qu'il se trouve fréquemment dans notre bonne ville de Paris, dans ses faubourgs et dans les lieux circonvoisins, principalement dans ceux qui sont situés près de la rivière, des cadavres de personnes qui ne sont pas mortes de mort naturelle, et qui peuvent même être soupçonnées de s'être défaites

ont toujours des gilets rouges, que c'est le costume des hommes de peine employés par la préfecture de police.

[1] *Recueil général des anciennes lois françaises, depuis 420 jusqu'à la révolution de* 1789, par MM. Isambert, Jourdan et Taillandier. 1821-1833, 30 vol. in-8.

elles-mêmes : que les crimes qui causent ces morts demeurent très-souvent impunis, soit par le défaut des avertissements qui devraient être donnés aux officiers de justice par ceux qui en ont connaissance, soit par la négligence ou dissimulation de ces mêmes officiers, et que les personnes qui ont intérêt d'empêcher que les causes et circonstances de ces morts soient connues contribuent, par des inhumations qu'ils font faire secrètement et précipitamment, à cacher ces événements, en supposant aux ecclésiastiques des faits contre la vérité. L'énormité de plusieurs cas qui sont arrivés nous a fait connaître la nécessité qu'il y a d'établir une disposition formelle et expresse qui puisse empêcher à l'avenir de pareils inconvénients.

« A ces causes, etc., voulons et nous plaît que, lorsqu'il se trouvera dans notre bonne ville et faubourgs de Paris et dans les lieux circonvoisins des cadavres de personnes que l'on soupçonnera n'être pas mortes de mort naturelle, soit dans les maisons, dans les rues et autres lieux publics ou particuliers, soit dans les filets des ponts, vannes des moulins et sous les bateaux qui sont sur la rivière ; les propriétaires des maisons, s'ils y demeurent, sinon les principaux locataires, les aubergistes, les voisins, les maîtres des ponts, les meuniers, bateliers et généralement tous ceux qui auront connaissance desdits cadavres, soient tenus d'en donner avis aussitôt savoir, dans notre ville et faubourgs de Paris, au commissaire du quartier, et dans les lieux circonvoisins aux juges qui en doivent connaître, auxquels juges et commissaires nous enjoignons de se transporter diligemment sur le lieu, de dresser un procès-verbal de l'état auquel le corps aura été trouvé, de lui appliquer le scel sur le front, et le faire visiter par chirurgiens en leur présence, d'informer et entendre sur-le-champ ceux qui seront en état de déposer de la cause de la mort, du lieu et des vie et mœurs du défunt, et de tout ce qui pourra contribuer à la connaissance du fait, dont les commissaires en notre Châtelet de Paris feront rapport au lieutenant criminel, pour y être par lui pourvu, ainsi que par les autres juges des lieux à qui la connaissance en appartiendra, en conformité de nos ordonnances, et suivant la forme prescrite par notre ordonnance du mois d'août 1670 au titre XXII[1]. Faisons défenses à toutes personnes de faire inhumer lesdits cadavres avant que lesdits officiers aient été avertis, que la visite en ait été faite et l'inhumation ordonnée par les

[1] Titre xxii. — *De la manière de faire le procès au cadavre ou à la mémoire d'un défunt.*

Art. 1. Le procès ne pourra être fait au cadavre ou à la mémoire d'un défunt, si ce n'est pour crime de lèse-majesté divine ou humaine, dans les cas où il échet de faire le procès aux défunts, duel, homicide de soi-même ou rébellion à justice avec force ouverte, dans la rencontre de laquelle il aura été tué.

2. Le juge nommera d'office un curateur au cadavre du défunt, s'il est encore existant, sinon à sa mémoire, et sera préféré le parent du défunt, s'il s'en offre quelqu'un pour en faire la fonction.

3. Le curateur saura lire et écrire, fera le serment, et le procès sera instruit contre lui en la forme ordinaire, sera néanmoins debout seulement et non sur la sellette, lors du dernier interrogatoire, son nom sera compris dans toute la procédure, mais la condamnation sera rendue contre le cadavre ou la mémoire seulement.

4. Le curateur pourra interjeter appel de la sentence rendue contre le cadavre ou la mémoire du défunt ; il pourra même y être obligé par quelqu'un des parents, lequel en ce cas sera tenu d'avancer les frais.

5. Nos cours pourront élire un autre curateur que celui qui aura été nommé par les juges dont est appel.

juges, à peine d'amende contre les contrevenants à la présente déclaration, même de punition corporelle comme fauteurs et complices d'homicide, s'il y échoit; défendons auxdits juges de retarder l'inhumation, après l'exécution de ce qui est ci-dessus ordonné, sous prétexte de vacations par eux prétendues, à peine d'interdiction. Si, donnons, » etc.

Déclaration *concernant la forme de tenir les registres des baptêmes, mariages, sépultures, vêtures, noviciats et professions, et des extraits qui en doivent être délivrés.*

Versailles, 9 avril 1736.

. . . .

Art. 12. — Les corps de ceux qui auraient été trouvés morts avec des signes ou indices de mort violente, ou autres circonstances qui donnent lieu de le soupçonner, ne pourront être inhumés qu'en conséquence d'une ordonnance du lieutenant criminel ou autre premier officier au criminel, rendue sur les conclusions de nos procureurs ou de ceux des hauts justiciers, après avoir fait les procédures et pris les instructions qu'il appartiendra à ce sujet ; et toutes les circonstances ou observations qui pourront servir à indiquer ou à désigner l'état de ceux qui seront ainsi décédés, et de celui où leurs corps morts auront été trouvés, seront insérés dans les procès-verbaux qui en seront dressés ; desquels procès-verbaux, ensemble de l'ordonnance dont ils auront été suivis, la minute sera déposée au greffe, et ladite ordonnance sera datée dans l'acte de sépulture, qui sera écrit sur les deux registres de la paroisse, ainsi qu'il est prescrit ci-dessus, à l'effet d'y avoir recours quand besoin sera.

Ces deux déclarations se trouvent expliquées tout au long dans une *Sentence de M. le Prévôt de Paris, ou M. son lieutenant-criminel, du 11 janvier 1742, concernant l'exécution des déclarations du Roi, du 5 septembre 1712, et 9 avril 1736, au sujet des* CADAVRES *des personnes qui seront trouvées mortes, soit dans les lieux publics, soit dans d'autres endroits.* Il est inutile de la rapporter ici; elle est précédée de ces quelques lignes : « La déclaration du 5 septembre 1712 et celle du 9 avril 1736, ont expliqué ce qu'il convient que les Officiers de Justice et de Police fassent dans les circonstances des cadavres; mais, comme dans les différents articles qu'elles contiennent il se peut trouver des personnes qui ne les entendent point assez, les expliquent différemment qu'ils ne doivent être entendus, M. le Procureur du Roi du Châtelet de Paris, a cru qu'il était de son Ministère d'en requérir l'exécution, ce qui a été fait par une Sentence du Châtelet du 11 janvier 1742, qu'il convient de rapporter, pour servir d'instruction [1]. »

Arrêté concernant la levée des cadavres trouvés dans la rivière ou ailleurs.

Paris, le 9 floréal an VIII (29 avril 1800).

Le préfet de police,

Considérant qu'il importe à l'ordre social et à l'état

[1] *Dictionnaire ou Traité de la police générale*, par E. de la Poix de Fréminville, 1775, 1 vol. in-8.

civil des citoyens de faciliter, autant que possible, la recherche et la connaissance des personnes disparues ; que le moyen d'atteindre ce but important est d'établir des formalités, soit pour constater la levée des cadavres trouvés dans la rivière ou ailleurs, soit pour connaître les causes de la mort ;

Considérant aussi qu'il est juste de récompenser le dévouement de ceux qui exposent leur vie, pour retirer de l'eau une personne noyée, qui, par des secours bien administrés, peut être rappelée à la vie ;

Arrête ce qui suit :

1. Lorsqu'un cadavre aura été retiré de l'eau, ou aura été trouvé en tout autre endroit, dans l'intérieur de cette commune et dans les cantons ruraux environnants, le juge de paix, le commissaire de police, ou l'officier de gendarmerie le plus voisin doit en être prévenu sur-le-champ, et requis de se transporter sur le lieu, à l'effet de dresser procès-verbal de la levée du cadavre.

Un officier de santé y sera appelé pour constater le genre et la cause de la mort ; son rapport sera consigné au procès-verbal.

Ce procès-verbal sera envoyé dans les vingt-quatre heures à la préfecture de police avec les papiers et effets qui auront pu être trouvés sur l'individu.

2. Si l'individu donne encore quelques signes de vie, on procédera de suite, si c'est un noyé, ainsi qu'il est prescrit par l'instruction concernant les secours à donner aux noyés, et, dans tout autre cas, l'officier de santé indiquera les secours nécessaires.

3. L'extrait du procès-verbal de la levée d'un cadavre énonçant l'endroit où il aura été trouvé, les causes de sa mort, son signalement et celui de ses vêtements, sera envoyé de suite, avec le cadavre et ses vêtements, au

greffier de la basse-geôle du ci-devant Châtelet de Paris, qui donnera un reçu du tout.

4. Si le corps est reconnu au moment de la levée, il en sera fait mention dans le procès-verbal de la manière la plus circonstanciée, pour prévenir toutes erreurs, et la remise pourra en être faite de suite aux personnes qui le réclameront, lesquelles, si elles en ont la faculté, payeront les frais de repêchage, si c'est un noyé, et ceux de visite du cadavre; dans le cas contraire, ces frais seront acquittés ainsi qu'il est dit en l'art. 13.

5. Si le greffier de la basse-geôle ne trouvait pas les causes de la mort énoncées dans l'extrait du procès-verbal qui doit lui être remis avec le cadavre, aux termes de l'art. 3, ci-dessus, il lui est enjoint de requérir de suite un officier de santé pour constater ces causes; il transmettra sans délai, au préfet de police, le rapport de l'officier de santé.

6. Aussitôt la réception du cadavre à la basse-geôle, il sera exposé aux regards du public, avec les précautions dues à la décence et aux mœurs; ses vêtements seront suspendus à côté, pour aider à la reconnaissance : cette exposition durera trois jours.

7. Les trois jours d'exposition révolus, le cadavre sera inhumé en la manière accoutumée, en vertu d'un ordre du préfet de police, portant le signalement du cadavre, l'endroit où il a été trouvé, et la cause présumée de sa mort.

8. En cas de reconnaissance du cadavre à la basse-geôle, ceux qui le reconnaîtront en feront leur déclaration, devant le juge de paix ou le commissaire de police le plus voisin qui en délivrera expédition.

Sur le vu de cette déclaration, le préfet de police ordonnera la remise du cadavre, et son inhumation en la manière accoutumée, sous les noms indiqués pour lui appartenir.

Les réclamants payeront, s'ils en ont la faculté, les

frais de repêchage et de visite du cadavre, ceux de son transport à la basse-geôle et de son inhumation, sinon ils seront acquittés ainsi qu'il est dit en l'art. 13 ci-après.

Les vêtements et autres effets trouvés sur le cadavre leur seront remis.

9. Tous les procès-verbaux relatifs aux cadavres envoyés à la basse-geôle, ainsi que les ordres d'inhumation, seront inscrits sur un registre tenu à cet effet à la préfecture de police.

10. Il sera aussi tenu à la basse-geôle un registre où seront inscrits, jour par jour, la date de l'entrée des cadavres, leur signalement et les causes présumées de leur mort, ainsi que la date de leur sortie, soit pour être inhumés, soit pour être remis aux réclamants.

11. Les vêtements des cadavres non reconnus ni réclamés resteront à la basse-geôle, sauf à être statué par le préfet de police sur leur destination.

12. Lorsqu'il sera trouvé dans la rivière des portions de cadavre, celui qui les aura repêchées en donnera sur-le-champ avis au commissaire de police le plus voisin, et il sera procédé de la même manière que pour un cadavre entier.

13. Les frais de repêchage d'un cadavre et ceux de son transport à la basse-geôle, ainsi que le salaire de l'officier de santé, lorsqu'ils n'auront été acquittés par personne, faute de facultés, le seront par le préfet de police, trois jours après la remise à cette administration, du procès-verbal de la levée dudit cadavre, et sur le vu d'un certificat particulier délivré à cet effet aux pêcheurs et porteurs par l'officier public qui aura fait la levée.

Ces frais seront fixés, savoir :

A quinze francs pour le repêchage d'un cadavre ;

A cinq francs pour la visite de l'officier de santé ;

Et depuis trois jusqu'à cinq francs pour le transport à

la basse-geôle, suivant la distance plus ou moins grande, ou autres circonstances, lesquelles seront relatées dans le certificat mentionné en l'article ci-dessus.

Il sera payé vingt-cinq francs pour le repêchage d'un noyé lorsqu'il aura été rappelé à la vie.

14. Les déclarations relatives aux personnes disparues de leur domicile seront reçues à la préfecture de police, sur un registre tenu à cet effet, et il en sera délivré de suite un extrait au greffier de la basse-geôle, en ce qui concerne le signalement de la personne perdue.

15. Il est expressément enjoint au greffier de la basse-geôle de vérifier, aussitôt l'arrivée d'un cadavre à la basse-geôle, si son signalement ne se trouverait pas conforme à l'un de ceux portés aux déclarations mentionnées en l'article précédent, auquel cas il en fera prévenir de suite la personne qui aura fait ladite déclaration, avec invitation de venir reconnaître le cadavre, pour être ensuite procédé ainsi qu'il est dit en l'art. 8.

16. Lorsqu'une personne blessée aura été trouvée sur la voie publique, il sera de suite appelé un officier de santé pour administrer les secours les plus pressants, ou constater le genre et la cause de l'accident.

Il en sera dressé procès-verbal par le commissaire de police et le juge de paix, qui, suivant les circonstances, ordonneront le transport de la personne blessée ou malade, soit à son domicile, soit à l'hospice d'Humanité.

Les frais dudit transport seront payés ainsi qu'il est dit en l'art. 13.

17. L'officier public qui aura ordonné ledit transport veillera à ce que le brancard qui aura été employé à cet effet soit rétabli au poste où il aura été pris.

18. Le présent arrêté sera imprimé et affiché dans tous les corps de garde de cette commune, ainsi que dans l'intérieur de la basse-geôle et dans les autres en-

droits accoutumés ; il sera également affiché dans les cantons riverains enclavés dans le département de la Seine.

Il sera adressé aux juges de paix, aux commissaires de police et au commandant en chef de la gendarmerie nationale, et aux autres autorités civiles et militaires, ainsi qu'au greffier de la basse-geôle, pour en maintenir l'exécution, chacun en ce qui le concerne.

Le préfet de police, DUBOIS.

Ordonnance concernant la translation de la Morgue sur la place du Marché-Neuf.

Paris, le 29 thermidor an XII (17 août 1804).

Le Conseiller d'État, préfet de police, chargé du quatrième arrondissement de la police générale de l'empire,

Considérant que depuis longtemps on a reconnu la nécessité de supprimer la basse-geôle du ci-devant Châtelet, et d'établir la Morgue dans un local disposé plus convenablement;

Ordonne ce qui suit :

1. A compter du 1er fructidor prochain, la basse-geôle du ci-devant Châtelet sera et demeurera fermée.

2. A compter du même jour, les cadavres retirés de la rivière ou trouvés ailleurs, dans le ressort de la préfecture de police, et qui n'auraient pas été réclamés seront transportés et déposés dans la nouvelle Morgue, établie dans la place du Marché-Neuf, division de la Cité.

Ils y resteront exposés pendant trois jours, à moins qu'ils n'aient été reconnus et réclamés dans un moindre délai.

Ils ne pourront être inhumés sans un ordre du préfet de police.

3. L'arrêté du 9 floréal an VIII, concernant la levée des cadavres, continuera d'être exécuté en tout ce qui n'est pas contraire aux dispositions ci-dessus.

4. La présente ordonnance sera imprimée, publiée et affichée.

Les sous-préfets des arrondissements de Saint-Denis et de Sceaux, les maires et adjoints des communes rurales du ressort de la préfecture de police, les commissaires de police, les officiers de paix et les autres préposés de la préfecture de police, sont chargés, chacun en ce qui le concerne, de tenir la main à son exécution.

Le conseiller d'État, préfet de police, DUBOIS.

Ordonnance concernant les secours à donner aux noyés, asphyxiés ou blessés, et les mesures de police à prendre pour la levée des cadavres retirés de l'eau, ou trouvés sur la voie publique et partout ailleurs.

Paris, le 2 décembre 1822.

SECTION III.

Dépôts à la Morgue, reconnaissance et ordres d'inhumation.

12. A l'arrivée d'un cadavre à la Morgue, le concierge vérifiera si le signalement est conforme à l'ordre d'envoi du cadavre, et s'il porte des marques extérieures de violences. Dans l'un et l'autre cas, le concierge nous rendra compte sur-le-champ de ses observations.

Il vérifiera également si le signalement du cadavre se

trouve conforme à l'un de ceux portés aux déclarations qui lui auraient été adressées. En cas d'identité, il nous en préviendra, ainsi que les déclarants.

Si le cadavre n'a pas été visité, le concierge requerra de suite le commissaire de police de le faire visiter par un homme de l'art.

13. Tout cadavre envoyé à la Morgue y sera exposé, ainsi que ses vêtements, aux regards du public, pendant trois jours consécutifs, à compter de celui où il aura été apporté exclusivement.

14. Les personnes qui reconnaîtront le cadavre pendant son exposition à la Morgue en feront de suite leur déclaration devant le commissaire de police du quartier de la Cité.

Les déclarations pour remises de cadavres nous seront adressées.

15. A l'expiration du délai fixé pour l'exposition, si le cadavre n'est pas reconnu et réclamé, il sera extrait de la Morgue, en vertu d'un ordre émané de nous, pour être inhumé en la manière accoutumée.

16. Les vêtements des individus déposés à la Morgue seront conservés avec soin, et il n'en sera disposé que d'après notre ordre.

Le préfet de police, G. DELAVAU.

Et enfin :

ARRÊTÉ RÉGLEMENTAIRE DU SERVICE INTÉRIEUR DE LA MORGUE DE PARIS.

Paris, le 1er janvier 1836.

Nous, conseiller d'État, préfet de police,

Arrêtons ce qui suit :

RÉCEPTION.

1. — Seront reçus et déposés à la Morgue, après accomplissement des formalités ci-après indiquées, les cadavres ou portions de cadavres d'individus non reconnus ou non réclamés, quel que soit le lieu où ils aient été trouvés dans le ressort de la préfecture de police.

2. — Le greffier-concierge de la Morgue recevra et enregistrera tous les renseignements qui lui seront donnés sur les personnes disparues. Il nous en rendra compte sur-le-champ.

3. — Nul cadavre ou portion de cadavre ne peut être reçu à la Morgue sans un ordre du préfet de police, du procureur du roi ou d'un officier de police judiciaire.

4. — Aussitôt après l'arrivée d'un cadavre à la Morgue, le greffier nous fera remettre l'ordre d'envoi et nous transmettra le procès-verbal de la levée du corps, ainsi que le rapport du médecin appelé à constater le décès, dans le cas où ces pièces lui auraient été envoyées.

Il nous adressera également les papiers, l'argent monnayé et tous autres dépôts quelconques, à l'exception des vêtements, qui seraient trouvés sur le cadavre ou qui l'accompagneraient; ces objets resteront en dépôt à la Préfecture de police, à la conservation des droits de qui il appartiendra.

5. — A l'arrivée d'un corps à la Morgue, le greffier-concierge vérifiera si le signalement est conforme

à l'ordre d'envoi du corps [1], ou à l'un des signalements portés aux déclarations qui lui auraient été faites antérieurement à l'occasion de la disparition d'individus ; dans l'un et l'autre cas, il nous rendra compte sur-le-champ et avant toute autre démarche de ses observations.

6. — Le greffier-concierge de la Morgue inscrira sur un registre les renseignements qui lui seront donnés sur l'état civil de l'individu, le genre de mort, la cause de la mort, l'autorité qui aura fait l'envoi, le nombre et la nature des pièces qui lui auraient été adressées. A défaut de nom et prénoms, il inscrira le signalement du corps, le nombre et la nature des vêtements, et en un mot tous les indices qui peuvent concourir à faire connaître le sujet.

[1] Voici le modèle de l'ordre d'envoi :

ORDRE D'ENVOI D'UN CADAVRE A LA MORGUE.

Nous, etc.

Attendu qu'il résulte de notre procès-verbal de ce jour qu'un individu du sexe (*indiquer le sexe*), paraissant âgé de (*âge et signalement*) vêtu de (*décrire les vêtements et les objets trouvés sur lui*) et dont on n'a pu connaître le nom, l'état et la demeure (*ou qu'on présume être...*) a été trouvé mort aujourd'hui (*indiquer le lieu*).

Requérons le greffier de la Morgue de recevoir son cadavre qui a été visité par M. docteur en demeurant rue

Il sera délivré au porteur du présent un reçu du cadavre et de ses vêtements.

A le

(Extrait du *Nouveau Dictionnaire de police* de MM. Trébuchet, Élouin et Labat. 1835, 2 vol. in-8.

EXPOSITION.

7. — Tout cadavre apporté à la Morgue demeurera, s'il n'est pas connu, déposé dans la salle d'exposition, aux regards du public, pendant soixante-douze heures au moins; ses vêtements seront aussi exposés pour aider à la reconnaissance.

Si, lorsque l'exposition ne pourra plus être continuée, la reconnaissance du corps n'a pas eu lieu, il sera procédé à l'inhumation. Les vêtements resteront encore exposés pendant quinze jours.

VISITE.

8. — Il pourra être procédé par le médecin-inspecteur de la Morgue à la visite des cadavres ou portions de cadavres qui y seront apportés. Le résultat de cette visite nous sera transmis directement.

9. — Si le médecin-inspecteur de la Morgue trouve des traces ou indices de mort violente, il nous en rendra compte sur-le-champ, afin que nous puissions provisoirement suspendre l'inhumation.

RECONNAISSANCE.

10. — Les personnes qui se présenteront au greffe de la Morgue, pour faire la reconnaissance d'un cadavre, devront être immédiatement conduites auprès du commissaire de police du quartier, par le greffier-concierge, pour l'accomplissement des for-

malités légales; après quoi le corps reconnu sera immédiatement soustrait aux regards du public.

INHUMATION.

11. — Aucune inhumation de corps déposés à la Morgue ne pourra être faite sans une autorisation du procureur du roi. Lorsque l'ordre d'inhumation sera donné sur un extrait du procès-verbal, cet extrait devra porter le signalement du cadavre, l'indication du lieu où il a été trouvé et la cause de la mort[1].

12. — L'autorisation d'inhumer étant donnée, lorsque la cause de la mort n'est pas bien connue, et notamment dans les cas de mort subite, il pourra, sur notre autorisation, être procédé à l'ouverture du corps par le médecin-inspecteur de la Morgue; son rapport d'autopsie nous sera remis et la cause du décès sera inscrite sur les registres du greffe.

13. — Aucune ouverture de corps ne pourra être faite qu'en présence d'un officier de police judiciaire et dans la salle affectée à cette opération.

[1] Le cadavre sort de la Morgue sur un certificat ainsi conçu, certificat qui est adressé au Procureur impérial.

PRÉFECTURE DE POLICE.

Je soussigné, médecin-inspecteur de la Morgue, certifie avoir visité un cadavre apporté à cet établissement le et envoyé par le
J'atteste qu'il présente à l'extérieur du corps
et que l'inhumation peut en être autorisée.

14. — La translation des corps de la Morgue au cimetière aura lieu de nuit, dans une voiture convenablement close. Le garçon de la Morgue chargé de cette translation devra rapporter exactement, à chaque voyage, le reçu du concierge du cimetière.

REMISE DES CORPS.

15. — Les parents ou amis d'une personne dont le corps aura été déposé à la Morgue, pourront obtenir la translation du défunt à son domicile, en justifiant des moyens de le faire inhumer.

16. — Cette translation ne pourra être opérée que par l'administration des pompes funèbres, d'après notre autorisation, et lorsque le permis d'inhumer aura été délivré par le procureur du roi.

RESTITUTION OU CONSERVATION DES VÊTEMENTS.

17. — Les vêtements et autres effets appartenant aux cadavres reconnus seront rendus à la famille, si elle les réclame, en justifiant de ses droits.

Les vêtements des corps non reconnus seront conservés à la Morgue pendant six mois au moins, aux termes de l'ordonnance du roi du 23 mai 1830. A l'expiration de ce délai, ils seront remis, s'il y a lieu, à l'administration des Domaines, comme objets vacants et sans maître. Il sera dressé par le commissaire de police du quartier de la Cité procès-verbal de cette remise.

HEURES DE L'OUVERTURE DE LA MORGUE.

18. — La Morgue sera ouverte au public tous les jours. L'ouverture aura lieu à six heures du matin en été et à sept heures en hiver; elle sera fermée à huit heures en été et à la nuit tombante en hiver.

VENTILATION DES SALLES.

19. — Lorsqu'il y aura des cadavres dans la salle d'exposition ou dans la salle des morts, le fourneau d'appel sera allumé à cinq heures du matin; le feu sera renouvelé à midi et à huit heures du soir; l'entretien du feu sera proportionné au nombre des cadavres exposés.

LAVAGE DES CORPS.

20. — Tout corps, à son arrivée, sera déposé dans le lavoir. Il y sera déshabillé, lavé et exposé immédiatement aux regards du public, hors le cas où il serait connu ou méconnaissable. Les vêtements seront lavés au battoir, et à grande eau; ils seront placés au dessus du corps pendant le temps indiqué à l'article 7 ci-dessus.

SÉCHAGE DES VÊTEMENTS.

21. — Après le temps voulu pour l'exposition des vêtements, ils seront portés au séchoir, réunis et conservés en paquets avec un numéro d'ordre correspondant à celui d'inscription sur les registres.

22. — Le greffier et les garçons de service sous

ses ordres sont spécialement chargés des soins de propreté de la Morgue.

Hors des heures consacrées au service des salles intérieures, les garçons de la Morgue seront chargés de maintenir l'ordre dans la salle du public.

Ils feront alternativement le service de nuit.

Ils opéreront la translation des corps au cimetière.

23. — Dans aucune circonstance, les gens de service de la Morgue ne peuvent demander aux parents aucune somme à titre d'indemnité, de peines, de frais de dépense ou pour tout autre motif.

24. — Les garçons de service ne pourront introduire dans la salle de garde, ni leurs femmes, ni leurs enfants, ni aucune personne étrangère à l'établissement. Ils ne pourront non plus, sous aucun prétexte, établir leur domicile à la Morgue, y prendre leurs repas ni y préparer leur nourriture.

25. — Le greffier-concierge dressera à la fin de chaque mois :

1° Un état certifié des corps transférés au cimetière;

2° Un état certifié de tous les corps reçus à la Morgue;

Cet état contiendra, savoir :

Pour les sujets reconnus :

1° La date de l'entrée;

2° Les nom, prénoms, âge, profession et domicile de la personne décédée ;

3° La cause de la mort ;

4° Le genre de mort ;

5° L'heure du décès ;

6° L'indication du lieu du décès.

Pour les sujets non reconnus :

1° La désignation succincte du corps ;

2° Le genre de mort ;

3° Le lieu où le corps a été trouvé.

26. — Il sera dressé à la fin de chaque année, sous la direction du médecin-inspecteur, une statistique de tous les sujets apportés à la Morgue. Elle contiendra tous les documents propres à éclairer sur les causes et circonstances des décès.

27. — Il sera tenu à la Morgue trois genres de registres :

1° Registre d'inscription en double : l'un pour rester dans cet établissement, l'autre pour être déposé à la fin de chaque année aux archives de la préfecture de police ;

2° Un répertoire ;

3° Un registre pour recevoir les déclarations.

28. — Un exemplaire du présent arrêté restera constamment affiché dans chacune des salles de la Morgue.

29. — Les ordonnances et arrêtés en date du 29 thermidor an XII, 29 avril 1800, 25 mars 1816, et 2 décembre 1822, sont rapportés en ce qui concerne les dispositions contraires au présent arrêté.

30. — Le greffier-concierge de la Morgue, le médecin-inspecteur de cet établissement et le commissaire de police du quartier de la Cité, sont spécialement chargés, chacun en ce qui le concerne, de l'exécution du présent arrêté.

Le conseiller d'État, préfet de police,

GISQUET.

Grâce à M. A. Devergie et au zèle et à l'activité du greffier, les registres de la Morgue sont parfaitement tenus et rendent de grands services à la statistique de cet établissement; voici le modèle du registre d'écrou :

VERSO.

NUMÉRO D'ORDRE	NUMÉRO DE LA TABLE.	DATE DE L'ENTRÉE.	NOMS ET PRÉNOMS, AGE, ÉTAT CIVIL, PROFESSION OU SIGNALEMENT DE L'INDIVIDU.	DEMEURE.		DESCRIPTION DES VÊTEMENTS.
				RUE OU COMMUNE.	QUARTIER OU DÉPARTEMENT.	

RECTO.

GENRE DE MORT.	TEMPS ÉCOULÉ DEPUIS LA MORT.	SUICIDE OU HOMICIDE.	CAUSES PRÉSUMÉES DU SUICIDE OU DE L'HOMICIDE.	ENVOYÉ PAR	LIEU OU LE CADAVRE A ÉTÉ TROUVÉ.	OUVERTURE.	ÉPOQUE DE L'INHUMATION.	OBSERVATIONS.

IV

STATISTIQUE

IV

STATISTIQUE

SOMMAIRE. — Une période décennale. — Heures, nombre et nature des réceptions. — De quelle manière s'opère la reconnaissance. — Quel est l'âge qui fournit le plus de cadavres à la *Morgue?* Suicide. — Assassinat. — Accident. — Mort subite. — L'arrondissement qui envoie le plus de cadavres et celui qui en envoie le moins. — Combien faut-il d'habitants, pour qu'un, fatalement, arrive à la *Morgue*. — Variétés de suicides. — Du noyé. Sa position dans l'eau. — Des divers phénomènes que présente la putréfaction.

RÉCEPTION, SERVICE GÉNÉRAL.

Il a été reçu à la Morgue pendant une période de dix ans (1836-1846) [1] 3,438 corps ou portions de corps. En déduisant de ce chiffre 94 portions de corps composées d'ossements, de débris de dissection clandestine et de portions de membres qui se détachent journellement du corps des noyés pendant leur séjour dans l'eau, il reste 3,344 corps = 2,851 in-

[1] Nous avons extrait des *Annales d'hygiène pratique et de médecine légale*, et nous avons résumé, de manière à la présenter sous les côtés les plus intéressants, la curieuse statistique décennale (1836-1846) de M. A. Devergie.

dividus de tout âge et 493 enfants nouveau-nés à terme ou non à terme, c'est-à-dire 197 enfants à terme et 296 fœtus.

D'où il suit que le nombre des fœtus reçus annuellement à la Morgue est une fois et demie plus grand que celui des enfants nés à terme. Quant au chiffre total de 2,851 il se divise ainsi : 2,331 individus du sexe masculin, et 520 du sexe féminin : quatre fois et demie plus d'hommes que de femmes.

ÉTAT CIVIL.

Sur ces 2851 individus, 378 seulement sont restés inconnus, ce qui donne près de 7 personnes reconnues sur 8 exposées. Autrefois la reconnaissance des corps ne s'opérait que dans le rapport de 1 à 3, 64 centièmes : ainsi près des deux tiers des individus reçus à la Morgue restaient ignorés ; ce fait est constant pour la période de 1830 à 1835.

La reconnaissance des corps a lieu de deux façons :

1° Pendant l'exposition du sujet à la Morgue, soit par le hasard, soit par des avertissements donnés aux familles par le greffier, qui leur signale l'arrivée d'un corps dont il constate l'identité, d'après le signalement qui lui a été donné antérieurement par les parents ; soit enfin par les recherches même des parents.

2° La reconnaissance s'opère après l'inhumation au moyen des vêtements ou effets qui sont conservés à la Morgue pendant six mois.

Aussi certains individus ne sont-ils reconnus que longtemps après l'inhumation. En exceptant cette dernière catégorie, qui pendant neuf ans (en 1836 on ne tenait pas encore compte, sur les registres, du temps employé à la reconnaissance des corps) ne comprend que 85 individus, nous arrivons à ce résultat remarquable, que les corps sont reconnus, en moyenne, en *un jour cinquante-quatre minutes*.

HEURES DE RÉCEPTION.

Sur 3,438 corps, 2,808 ont été reçus pendant le jour — de sept heures du matin à six heures du soir, et 630 de six heures du soir à sept heures du matin : sur ces 630, 92 ont été reçus après minuit et 538 de sept heures du soir à minuit.

Les heures où la réception est la plus forte sont les suivantes : Onze heures et midi ; une, deux, trois, quatre, cinq et dix heures du soir : ces heures écoulées, il y a de suite une décroissance de moitié.

M. Devergie s'est arrêté longtemps sur ce chapitre, cherchant bien à se rendre compte des heures auxquelles la surveillance, pour le service de la Morgue, doit être le plus activement exercée. A part cette question, qui perd même de son intérêt puisqu'il y a en tout temps quelqu'un à la Morgue pour recevoir les cadavres, je ne crois pas qu'on puisse rien tirer de cette statistique.

Maintenant quels sont les âges de la vie qui fournissent le plus de personnes à la Morgue ?

RÉCEPTION PAR AGE.	HOMMES.	FEMMES.	TOTAL.
De 5 à 10 ans	27	2	29
10 15 —	58	14	72
15 20 —	170	50	220
20 30 —	520	86	606
30 40 —	536	101	638
40 50 —	448	94	542
50 60 —	301	89	390
60 70 —	165	62	227
70 80 —	56	28	84
80 85 —	8	2	10
85 90 —	»	1	1
	2,289	529	2,819

On peut déduire de ce tableau les conséquences suivantes : les périodes de la vie qui fournissent le plus de corps à la Morgue sont celles de

20 à 30 ans
30 40 —
40 50 — } *en proportions à peu près égales.*

50 60 — *moitié moins.*

15 20 —
60 70 — } *moitié moins encore chacune; mais également toutes deux.*

10 15 —
70 80 — } *moitié moins encore, et toujours en proportions égales.*

Puis vient de :

5 à 10 ans,
80 85 —
85 90 —

Ces proportions sont les mêmes pour les deux sexes. Quant à la proportion relative des deux sexes dans ces diverses périodes, elle n'est pas la même. On peut établir à ce sujet l'échelle ci-après :

		FEMMES.		HOMMES.
De 70 à	80 ans	1	sur	2
15	20 —			
50	60 —	1	—	3
60	70 —			
10	15 —	1	—	4
80	85 —			
30	40 —	1	—	5
40	50 —			
20	30 —	1	—	6
5	10 —	1	—	13

Si on divise la vie en quatre périodes, on a les chiffres suivants qui expriment le nombre de corps qu'elles fournissent à la Morgue.

		HOMMES.	FEMMES.	TOTAL.
De 5	25 ans	515	115	630
25	45 —	1,050	192	1,242
45	65 —	599	163	762
65	85 —	125	58	183

RÉPARTITION PAR GENRE DE MORT.

Nous établirons à cet égard quatre catégories : mort par suicide, mort par homicide, mort par accident, mort naturelle.

SUICIDES.

On n'a pas perdu de vue que nous agissons sur une période de dix ans (1836-1846) ; elle nous donne 1,766 suicidés. Dans ce nombre on est obligé de comprendre tous les individus noyés, soit que le suicide ait été constaté, soit qu'il ne l'ait pas été. En effet, devant la surveillance qui existe à Paris, les cas de chute accidentelle ou provoquée dans la Seine ou dans le canal, doivent être assez rares pour ne pas accroître d'une manière sensible le chiffre énoncé plus haut.

Ce chiffre se divise ainsi :

Submersion.	1,414
Suspension.	114
Mort par armes à feu.	98
Asphyxie par le charbon.	46
Chute d'un lieu élevé.	56
Mort par armes tranchantes.	16
Mort par empoisonnement.	11
Écrasement par des voitures.	7
Mort par l'alcool.	4

Mais quelle conséquence d'ensemble peut-on tirer de ce tableau, puisque la Morgue est bien loin de recevoir tous les suicides qui ont lieu à Paris?

ACCIDENTS.

La presque totalité, sinon la totalité des individus qui périssent par accident, est apportée à la Morgue : de 1836 à 1846 le chiffre total a été de 613, ce qui donne une moyenne de 61 par an. De ces 613 individus, 595 appartiennent au sexe masculin, 18 au féminin; le chiffre total se subdivise ainsi :

Submersion.	394
Écrasement par des voitures.	105
Chute de lieu élevé.	60
Suite de démolition.	20
Brûlure.	8
Accident de chemin de fer	8
Asphyxie par fosses d'aisance.	7
Méphitisme de puits.	3
Asphyxie par le charbon.	3
id. par le gaz..	1
id. par la fumée de paille.	1
id. par la foudre.	1
Compression dans la foule.	1
Empoisonnement..	1

Ces chiffres frappent les individus de divers âges en proportion des autres causes qui les amènent à la Morgue.

HOMICIDES.

Ils figurent pour le chiffre de 66. Ici, comme pour les suicides, c'est un nombre tout-à-fait insignifiant et bien éloigné de la réalité.

MORT SUBITE.

On en compte 381, en y comprenant 45 cas de mort par suite de maladie chez des sujets dont l'identité était inconnue au moment de la mort ; le chiffre réel est de 336. (Dans ces chiffres divers ne sont pas compris 22 individus décédés par suite des événements du mois de mai 1839.)

INHUMATIONS.

Le chiffre des inhumations aux frais des familles (1836-1846) s'élève à 449; c'est un peu plus de un sixième des corps reçus à la Morgue. Il est donc resté à la charge de la ville l'inhumation de 2,402 individus. — La Morgue reçoit non-seulement les corps d'individus qui avaient leur domicile à Paris, mais encore ceux de la banlieue et même de divers départements.

Le chiffre des individus domiciliés à Paris, dont le corps a été reçu à la Morgue (1836-1846) ne s'élève qu'à 1,780, nombre qui n'est pas tout-à-fait assez élevé, attendu que le domicile de 521 individus est resté inconnu. — La moyenne de la population étant pour les dix années de 976,610 habitants, y compris la population flottante, il suit de là que sur 5,486 habitants il en est un dont le corps, par une circonstance quelconque, arrive chaque année à la Morgue.

Entre l'arrondissement de Paris qui a fourni le moins de corps à la Morgue et celui qui en a donné le plus, il y a une différence de plus du double.

La banlieue entre pour un sixième dans la proportion des corps qui sont reçus à la Morgue, les départements pour un seizième. Le chiffre moyen pour chaque arrondissement est de 178 en dix ans; les arrondissements qui fournissent le moins de corps sont les 2e, 3e et 11e. — Ceux qui en fournissent le plus sont les 6e, 7e et 12e.

De ce coup d'œil sur la statistique générale de la Morgue ressortent les inductions suivantes :

PAR RAPPORT AUX ENFANTS NOUVEAU-NÉS.

1. — Le nombre des fœtus reçus annuellement à la Morgue est une fois et demie plus considérable que celui des enfants nés à terme.

2. — A partir de l'année 1838, le chiffre des enfants nés à terme reçus à la Morgue a toujours été par année plus du double de ce qu'il était en 1836.

3. — Le chiffre des fœtus, à partir de 1841 (fermeture des tours des Enfants-Trouvés) devient tout à coup cinq fois plus fort de ce qu'il était en 1836, pour rester chaque année dans cette proportion jusqu'en 1846.

PAR RAPPORT AUX INDIVIDUS DE TOUT AGE.

4. — On reçoit à la Morgue deux fois et demie plus d'individus du sexe masculin que d'individus du sexe féminin.

5. — Depuis 1836 le chiffre des réceptions des corps est presque décroissant; tandis que durant les années précédentes il avait suivi une marche ascendante.

6. — Sur 8 individus reçus à la Morgue, l'état civil de près de 7 d'entre eux est constaté. Autrefois on ne parvenait à reconnaître que 1 individu sur 3.

7. — Le temps employé en moyenne pour constater l'identité d'un corps est de vingt-quatre heures cinquante-quatre minutes.

8. — C'est de onze heures du matin à six heures du soir qu'il est reçu plus de corps à la Morgue. Cependant plus d'un cinquième du nombre total est reçu pendant la nuit.

9. — La période de la vie qui fournit le plus de corps à la Morgue est celle de vingt à cinquante ans, en proportions à peu près égales pour toutes les années qui la constituent. Cette induction générale est applicable aux deux sexes.

10. — La proportion relative des deux sexes n'est pas la même dans toutes les périodes de la vie.

De 5 à 25 ans elle est de plus d'un quart.
25 à 45 — elle est d'un peu plus d'un cinquième.
45 à 65 — elle est de plus d'un tiers.
65 à 85 — elle est d'un peu plus d'une demie.

11. — Les divers individus reçus à la Morgue peuvent être rangés dans quatre catégories différentes.

Suicidés.	Morts par accidents.
Morts par homicide.	Morts subitement.

12. — Les proportions relatives de ces quatre catégories sont :

Suicidés.	1,766
Morts par accidents.	613
Morts par homicides.	66
Morts subitement.	356

13. — Un sixième des corps reçus à la Morgue est inhumé par les familles, les cinq sixièmes restent à la charge de la ville.

14. — D'après le dernier recensement, la population de Paris s'élevant au chiffre de 1,053,907 (la moyenne est de 976,610), il en résulte que, sur 5,466 habitants, il en est un dont le corps, par une circonstance quelconque, arrive à la Morgue.

15. — La banlieue entre pour un sixième dans la proportion des corps qui sont reçus à la Morgue, les départements pour un seizième.

16. — L'arrondissement qui fournit le moins de corps à la Morgue est le 3e, celui qui en donne le plus est le 6e.

17. — Le quartier de Paris qui donne le plus de corps à la Morgue, c'est le quartier Sainte-Avoye, un sur 2,482 habitants; celui qui en fournit le moins, c'est le quartier de la Chaussée-d'Antin, un sur 9,152.

Ces chiffres sont établis en tenant compte de la population de chaque quartier.

18. — La statistique générale tend à démontrer ce que l'on pouvait prévoir, c'est-à-dire que les quartiers où règnent le moins d'aisance et de travail sont ceux qui donnent le plus de corps à la Morgue.

M. Devergie fait suivre cette statistique d'une statistique spéciale de la mort par suicide ; nous lui empruntons les conséquences générales qu'il en a déduites.

1. — La moyenne du chiffre des suicides par année, de 1836 à 1846, a été de 176,6; l'année 1837 en a offert le chiffre le plus fort, l'année 1842 le chiffre le plus faible.

2. — Depuis 1847 le chiffre des suicides, loin de s'accroître comme il le paraît jusqu'à cette époque, a toujours été inférieur et s'est généralement soutenu à un sixième au-dessous de cette année maximum, quoique la population ait été portée de 899,313 habitants à 1,053,907, c'est-à-dire qu'elle ait subi un accroissement de plus d'un sixième.

3. — Le suicide est quatre fois et demie plus commun chez l'homme que chez la femme, rapport différent de ce qu'il est signalé dans la plupart des

statistiques antérieures, où il est de trois fois seulement plus fréquent.

4. — De vingt à trente ans, le suicide a atteint son maximum d'intensité.

5. — On compte 1 suicide chez un individu veuf, 4, 2, chez un individu marié, et 4, 5, chez un individu célibataire.

6. — A la tête des professions qui coïncident le plus avec le suicide se trouvent pour l'homme l'état de journalier et celui de militaire; pour la femme, la profession de couturière.

7. — Le genre de suicide le plus commun à Paris, c'est la submersion ; il comprend pour l'homme les deux tiers des suicides et pour la femme près des cinq sixièmes. Après ce genre de mort, viennent pour l'homme, la suspension, les armes à feu ; — pour la femme, les chutes d'un lieu élevé, l'asphyxie par le charbon.

8. — La submersion est le genre de mort des périodes les moins avancées de la vie, comme des périodes les plus avancées. — De vingt à trente ans l'homme s'adresse de préférence aux armes à feu.

9. — M. Devergie met en tête des causes du suicide l'aliénation mentale, et cela dans une proportion près de trois fois plus grande que toutes les

autres causes réunies. Comme il nous semble assez difficile d'établir cela d'une manière péremptoire, nous passerons outre et nous arriverons, — pour l'homme, — et en proportions égales, à la misère, aux mauvaises affaires, au dégoût de la vie, à l'inconduite, aux chagrins domestiques; pour la femme, à l'amour contrarié, au dégoût de la vie. Ainsi pour l'homme, l'amour contrarié n'entre dans les causes du suicide que dans la proportion d'un dix-septième, tandis que pour la femme il figure pour un sixième à la totalité de toutes les autres causes.

Revenons à la submersion : le chiffre des noyés s'élève pour les dix années à 1,807, la moyenne est donc par année de 180,7. Les mois pendant lesquels on reçoit le plus de noyés sont : Avril, Mai, Juin et Juillet; ceux où on en reçoit le moins sont : Novembre, Décembre et Janvier. Maintenant on se noie beaucoup plus dans les mois de Juillet, Juin, Mai et Février que dans les mois de Décembre, Novembre et Octobre; et, malgré l'élévation de la température, les mois de Janvier, Février et Mars sont assez chargés.

Pour en finir avec la submersion, et puisque c'est elle qui est la grande pourvoyeuse de la Morgue, voici quelques notes assez curieuses, — résultat des travaux du médecin-inspecteur de cet établissement, — sur les cadavres retirés de l'eau.

Quand un corps est dans l'eau, il y est sur le dos

ou sur le ventre; généralement les femmes occupent la première situation, les hommes la seconde : le développement du ventre, la quantité de graisse que le corps présente en avant expliquent cela assez logiquement. Les cadavres entrent plus vite en putréfaction lorsqu'ils sont dans une eau stagnante ; ainsi ceux qu'on retire du canal Saint-Martin sont beaucoup plus altérés que ceux de la rivière. Les bottes chez l'homme, les corsets chez la femme, arrêtent un peu la putréfaction dans les parties emprisonnées.

La putréfaction dans l'eau développe neuf phénomènes très-distincts ; ces phénomènes, malgré cela, peuvent se rencontrer deux ou trois réunis sur le même sujet. C'est d'abord *la putréfaction en vert* qui débute le troisième jour en Été, et seulement du douzième au quinzième jour en Hiver ; puis *le développement du gaz* qui a lieu en Été du quatrième au sixième jour et n'est complet en Hiver qu'après un mois et demi à deux mois ; — *la putréfaction en brun* se manifeste du dixième au douzième jour en Été et au bout d'un mois en Hiver; — *la réduction en putrilage* ne s'opère que du deuxième au troisième mois ; — *la saponification* débute du troisième au quatrième mois, mais un peu plus tôt chez la femme ; — *la dessiccation* a lieu au quatrième mois ; — puis *les corrosions* et *les incrustations calcaires* qui viennent à quatre mois, quatre mois et demi, et enfin la destruction finale : les parties molles et ensuite les parties dures se détachent peu à peu, cela commence à la tête, au centre de la poitrine et de l'abdomen, et gagne les extrémités (les pieds et les mains); le bas de la jambe et le bas de la cuisse sont détruits avant les parties molles du genou, les os sont à nus et finissent par se disjoindre.

En somme, un cadavre qui a séjourné dans l'eau pendant trois ou cinq jours présente les symptômes suivants : rigidité cadavérique, refroidissement du corps; pas de contractions musculaires sous l'influence du fluide électrique; l'épiderme des mains commence à blanchir. Après quinze jours, la face est légèrement bouffie et rouge par places; la partie moyenne du sternum est verdâtre, l'épiderme des mains et des pieds, totalement blanc, commence à se plisser. — Après un mois, la face est rouge brunâtre, les paupières et les lèvres sont vertes; la partie antérieure de la poitrine est couverte d'une plaque rouge brune, environnée d'une teinte verdâtre; l'épiderme des pieds et des mains est blanc, développé et plissé comme par des cataplasmes. Plus tard, il se détache, les ongles tombent, le cuir chevelu est détruit en partie, il en est de même pour les paupières et pour le nez; — saponification partielle de la face, de la partie supérieure du cov et des aines; — corrosions et destruction de la peau sur diverses parties du corps; commencement d'incrustation calcaire sur les cuisses, état opalin de la peau, calotte osseuse dénudée, très-friable.

Et plus tard?... plus tard?... — Indescriptible.

En Hiver la putréfaction, — tout en présentant les mêmes phénomènes, — met plus de temps à se développer ; il y a vingt à vingt-cinq jours de différence entre sa marche en Été et sa marche en Hiver. Toutes les autres époques de l'année sont des intermédiaires à prendre entre ces deux extrêmes. C'est le plus souvent lorsque le noyé surnage qu'on le retire de l'eau ; or, la surnatation étant le résultat de la production gazeuse dans le tissu cellulaire et les principaux organes, la durée de la submersion est en raison directe de cette production gazeuse.

La statistique générale de 1846 à 1856 n'est pas encore établie, nous en avons vu les éléments ; elle vient parfaitement en appui à celle de 1836 à 1846, seulement dans une certaine progression proportionnelle. Nous aurions désiré clore ce chapitre par le tableau des réceptions divisées par sexe et des reconnaissances qui ont eu lieu à la Morgue depuis sa fondation, mais les registres n'ont pas été toujours tenus comme ils le sont aujourd'hui ; aussi préférons-nous ne commencer qu'en 1837, puisque nous pouvons répondre de l'exactitude des chiffres, les ayant relevés directement sur les registres.

ANNÉES.	HOMMES.	FEMMES.	TOTAL.	RECONNUS.	NOUVEAUX-NÉS À TERME.	FOETUS.	PORTIONS DE CADAVRES.	TOTAL GÉNÉRAL.
1837	232	67	299	250	5	17	4	325
1838	214	57	271	245	29	19	13	332
1839	246	51	297	260	23	28	21	369
1840	210	45	255	228	26	25	8	314
1841	256	51	307	255	9	49	9	374
1842	241	49	290	250	24	34	7	355
1843	236	53	289	259	28	42	13	372
1844	241	57	298	265	20	32	2	352
1845	220	46	266	234	23	40	5	334
1846	257	45	302	265	25	53	6	386
1847	290	47	337	284	30	58	»	425

1848[1]	238	50	288	243	22	38	6	354
1849	247	55	302	270	19	36	9	366
1850	257	52	309	274	27	44	4	384
1851[2]	254	38	292	262	26	46	7	371
1852	282	63	345	309	26	48	6	425
1853	254	51	305	277	40	41	9	395
1854	239	54	293	263	42	33	9	377
1855	285	58	343	298	42	44	4	433
1856	312	50	362	311	47	55	11	475
1857	278	55	333	281	58	61	5	457
1858	269	49	318	276	57	63	9	447
1859	346	59	405	«	69	51	5	530

[1] 1848. — Plus 71 individus tués en Février, et 205 pendant l'insurrection de Juin. — Ce qui porte le total de l'année à 650.
[2] 1851. — Plus 43 individus tués en Décembre.

V

ERREURS ET PRÉJUGÉS

V

ERREURS ET PRÉJUGÉS

SOMMAIRE. — La *Morgue* est-elle nécessaire? — Où doit-elle être placée? — Ni à Bercy ni à Passy. — Convenance et inconvenance. — Opinion du républicain Prudhomme. — Du hasard en matière de reconnaissance. — Le *droit de Morgue*. — Une ordonnance de 1736. — Le public de la *Morgue*. — Les *Curieux de mort*. — De la littérature de cour d'assises. — Nouvelles à la main. — L'*Ane mort et la Femme guillotinée*. — Une ballade de M. Champfleury. — Charles Nodier. — La *Morgue* décrite par une Anglaise.

La Morgue devrait être placée au centre de Paris, et, pour cet établissement, le centre de Paris est au pont Neuf. J'entends déjà des personnes s'écrier : « Ne devrait-on pas au contraire la cacher à tous les yeux, la reléguer le plus loin possible ; » les unes la voudraient voir à Bercy, les autres à Passy[1]. A ces personnes nous répondrons : Si la

[1] Entre autres M. Gozlan : « Pourquoi l'a-t-on encaissée là, au centre de Paris, à l'un des points les plus éloignés du lieu où l'on recueille les noyés? En l'isolant entre le Louvre et Passy..... »

Et M. E. Fournier :

« Vous connaissez, sur le quai du Marché-Neuf, ce petit

Morgue est inutile, démolissez-la et qu'on n'en parle plus ; si elle est utile, — et je crois qu'il serait ridicule d'appuyer sur ce point, — arrangez-vous de manière que cette utilité, le but enfin pour lequel elle a été construite ne soit pas manqué. On serait dans l'erreur si l'on croyait que les reconnaissances sont dues principalement aux parents, c'est-à-dire à la sollicitude, à l'anxiété d'une famille ; il est parfaitement démontré que les deux tiers des reconnaissances n'ont lieu que par des indifférents, des promeneurs qui, en passant, entrent jeter un coup d'œil sur la *Salle d'exposition*. Le lundi, jour où les ouvriers ne travaillent point, où ils circulent dans Paris, donne lieu à presque autant de reconnaissances que le reste de la semaine. On dit que l'Administration va la transporter derrière Notre-Dame, à l'extrémité de l'île ; l'Administration aura tort, et le chiffre des individus reconnus lui prouvera, — l'année écoulée, — la vérité de ce que nous avons dit plus haut ; ajoutons à cela que les rapports fréquents de la Morgue avec la Préfecture de police, devraient l'obliger impérieusement à ne point s'éloigner d'elle.

Ce n'est pas moi qui puis indiquer un emplace-

bâtiment sinistre qu'on appelle la *Morgue*. Il paraît, Dieu merci ! qu'on songe à le démolir. Il afflige depuis trop longtemps vraiment le regard de tous ceux qui passent par là ; et je ne sache pas d'âme un peu sensible qui n'ait fait des vœux pour qu'on en débarrassât l'horizon des quais. » — Les *Énigmes des rues de Paris*, p. 153.

Et je ne sache pas d'âme un peu sensible....! que va penser de moi M. Edouard Fournier ?

ment à l'Administration; je sais très-bien que des motifs de salubrité, d'hygiène publique, des motifs de convenance[1], exigent qu'elle ne soit pas placée dans l'intérieur de la ville, c'est-à-dire entourée de maisons, mais bien sur le bord de l'eau. Cependant de là, à la cacher derrière Notre-Dame, dans un endroit presque désert, il y a loin; et, puisqu'on veut absolument l'éloigner du pont Neuf, ne pourrait-on pas la transporter, par exemple, sur le quai de la Mégisserie[2] ?

[1] Ce spectacle est affreux, bien; mais qui vous oblige à entrer à la Morgue? « Nous remarquons souvent, dit Prudhomme, des jeunes femmes rester une demi-heure à examiner les cadavres qui sont exposés à la Morgue. Ce tableau effrayant n'est pas fait pour un sexe qui a les organes sensibles. Combien, en outre, ne peut-il pas résulter d'accidents, lorsqu'une femme enceinte fixe longtemps un spectacle de cette nature » (*Miroir hist., politiq., et critiq. de l'anc. et du nouv. Paris*, t. II, p. 74, ch. XXVI.)

Cette idée tourmente Prudhomme, car il y revient au t. III, p. 105. « Nous sommes fâché de voir à côté de la Morgue un marché. Des femmes, des jeunes filles, vont sans répugnance, sans sensibilité et même sans pudeur, examiner les cadavres. Il peut, en outre, arriver des accidents pour les femmes grosses. »

Encore une fois, on ne force personne à entrer à la Morgue.

[2] Tout porte à croire, disent les frères Lazare dans leur *Dictionnaire historique des rues de Paris*, édit. de 1855, que l'emplacement de la nouvelle Morgue sera au milieu du pont Neuf, derrière la statue de Henri IV.

« Quel est l'endroit de Paris auquel on infligera la présence du nouvel édifice, du nouveau tombeau? On ne le sait pas encore. S'il m'était permis d'émettre un avis en cette question grave, je conseillerais de le bâtir derrière Notre-Dame, au

On ne peut le mettre en doute, la Morgue, en donnant un état civil après décès à toutes les personnes « qu'un accident, un crime ou une résolution fatale, ont fait passer anonymement de vie à trépas, » rend un grand service, non-seulement aux familles, mais encore à l'État tout entier. Il est donc de l'intérêt

bas de la pointe orientale de l'île de la Cité, en cet endroit qu'on appelait autrefois le Terrain. (*Mais il est très-permis à M. Fournier d'émettre un avis sur cette grave question, d'autant plus que l'endroit indiqué par lui est celui auquel l'administration pense depuis cinq mois — ce que personne n'ignore.*) C'est une sorte de solitude que sanctifie le voisinage de la vieille cathédrale. La Seine est tout près, on élèverait sur le bord un bâtiment de forme sérieuse (*M. Fournier trouve probablement d'une gaieté folle la forme du bâtiment actuel*) dans le genre du mausolée de Cecilia Metella, par exemple (*il est joli, l'exemple*); on l'entourerait d'ifs et de cyprès, on étendrait devant la façade un rideau de saules-pleureurs, et Paris, qui ne peut se soustraire à la nécessité d'un pareil monument, sinistre *musée* de l'assassinat et du suicide (*Musée de la mort, avait dit M. Francisque Michel, — Note pour servir à la 4e édition de* l'ESPRIT DES AUTRES) n'aurait pas, du moins, à déplorer, comme aujourd'hui, l'inconvenance de son emplacement et l'ignominie de sa forme. » — Les *Énigmes des rues de Paris*, p. 154.

Oh! oh! — La plantation d'ifs et de cyprès, le mausolée de Cecilia Metella et le rideau de saules-pleureurs partent certainement d'une âme sensible..... mais égarée. — Enfin, si le mot *morgue* est une ÉNIGME pour les lecteurs de M. Fournier, le but de cet établissement semble être, pour le chroniqueur de la *Patrie*, une charade dont le mot lui est encore inconnu.

Quand cette étude paraîtra, l'emplacement de la nouvelle *Morgue* sera définitivement arrêté; — espérons que l'Administration n'écoutera pas — pour cette fois — les conseils de M. Fournier.

général de supporter cette nécessité, pénible, je le veux bien, mais impérieuse[1].

Assez d'entraves arrêtent la reconnaissance des cadavres, pour que l'Administration ne songe pas à en apporter encore. On va s'étonner qu'en 1859, après que cela a été dit maintes et maintes fois, je sois obligé d'insister sur ce qui va suivre. J'ai vu souvent des individus reconnaître un malheureux exposé sur les dalles et s'en aller sans prévenir le greffier, ne se souciant pas de reconnaître officiellement une personne toujours morte pour eux d'une façon étrange. Deux choses les retiennent : Nous allons, disent-ils, être obligés de payer le *droit de Morgue*, c'est-à-dire une somme de vingt-cinq francs, — cinquante francs, — ou cent francs (la somme varie en proportion inverse de la situation pécuniaire des individus), et, s'ils passent sur la question d'argent, ils reculent encore devant quelques formalités que leur imagination multiplie à l'infini et qu'ils croient très-compromettantes.

Eh bien, nous devons dire que ce fameux *droit de Morgue*, dont tout le monde parle et auquel tout le monde croit, n'existe pas même et n'a jamais existé[2].

[1] « Cette condition (la placer à l'endroit le plus fréquenté) est tellement importante, que toute autre considération doit fléchir devant elle. » Devergie.

[2] On ne lira pas sans intérêt, je crois, la note suivante.

Sentence de M. le Lieutenant Criminel du 6 *Décembre* 1736, *pour désabuser le Public du faux bruit qui s'est répandu qu'il en coûte cent un écus pour la reconnoissance des Cadavres qui sont apportés à la basse Geôle du Châtelet.* — Vu la

Vous reconnaissez un cadavre, vous allez au greffe où vous donnez les noms, demeure, profession, enfin tous les renseignements qui peuvent servir à établir l'état civil de l'individu; on écrit à la famille, et tout est dit; — vous n'avez plus qu'à vous retirer. Si la famille, après l'avoir reconnu, ne le réclame pas, c'est-à-

Requête à nous présentée par le Procureur du Roi, expositive, qu'il est informé que depuis quelque temps il s'est répandu un bruit dans le Public, et surtout parmi les Artisans et gens de Métier, Domestiques ou autres personnes du Peuple, au sujet des cadavres qui sont pêchés dans la rivière et trouvés tant aux environs de la Ville de Paris que dans les rues et Fauxbourgs d'icelle, lesquels sont apportés à la basse Geôle du Châtelet, que pour faire la reconnoissance d'un cadavre il en coûte cent un écus, ce qui fait souvent que ceux qui reconnoissent quelques cadavres, gardent le silence, crainte d'être obligés de payer les dits cent un écus, dont il s'ensuit que la plupart ne sont point connus, ce qui est également contraire et préjudiciable à l'ordre public et à la sûreté des familles. Et comme il n'a jamais rien coûté ni été payé pour reconnoître les cadavres qui sont apportés à la basse Geôle du Châtelet, et qu'il est du devoir et du ministère dudit Procureur du Roi de désabuser le Public d'un bruit aussi faux et si mal fondé, pourquoi il est à propos de rendre une Ordonnance, afin que cela lui soit notoire, et qu'il n'en puisse prétendre cause d'ignorance. A ces causes requéroit être ordonné que le Public sera instruit qu'il n'en a jamais coûté et n'en coûte rien pour reconnoître les cadavres qui sont apportés à la basse Geôle du Châtelet; que les pères, mères, enfants, frères, sœurs, parents, amis et voisins qui pourront reconnoître lesdits cadavres, seront tenus d'en faire leur déclaration sur-le-champ au Commissaire du Châtelet qui aura levé lesdits cadavres, ou au Greffe Criminel du Châtelet, sur un Registre qui sera tenu à cet effet, lequel sera cotté en tous ses feuillets et parafé par nous; lesquelles déclarations et reconnoissances lesdits Commissaires et les Greffiers Criminels du Châtelet seront tenus de recevoir gratuitement et

dire si elle ne peut faire les dépenses de l'inhumation, c'est la Morgue qui s'en charge, et, roulé dans une serpillière et mis dans le fourgon, le cadavre est envoyé au cimetière Montparnasse et enterré dans la partie spécialement affectée aux hospices et à la sépulture des suppliciés. — La Morgue, — et ceci est formel, —

sans aucuns frais, et que notre sentence qui interviendra sur ledit Réquisitoire sera, à la diligence dudit Procureur du Roi, imprimée, lue, publiée et affichée dans tous les lieux et carrefours accoutumés de la Ville, Fauxbourgs et Banlieue de Paris, même dans tous les Villages circonvoisins, aux portes du Châtelet et à celles des prisons et de la basse Geôle dudit Châtelet et partout où besoin seroit.

Nous disons, ouï sur ce le Procureur du Roi, que le Public sera instruit qu'il n'en a jamais coûté et n'en coûte rien pour reconnoître les cadavres qui sont apportés à la basse Geôle du Châtelet; que les pères, mères, enfants, frères, sœurs, parents, amis et voisins, qui pourront reconnoître lesdits cadavres, seront tenus d'en faire leur déclaration au Commissaire du Châtelet qui aura levé lesdits cadavres, ou au Greffe Criminel du Châtelet, sur un Registre qui y sera tenu à cet effet, lequel sera cotté en tous ses feuillets et parafé par Nous, lesquelles déclarations de reconnoissance lesdits Commissaires et Greffiers Criminels du Châtelet seront tenus de recevoir gratuitement et sans aucuns frais, et que notre présente Sentence sera, à la diligence dudit Procureur du Roi, imprimée, lue, publiée et affichée dans tous les lieux et carrefours accoutumés de la Ville, Fauxbourgs et Banlieue de Paris, et même dans tous les Villages circonvoisins, même aux portes du Châtelet et à celles des prisons et de la basse Geôle du Châtelet, et partout où besoin sera. Jugé le 6 décembre 1736, par Nous, Gabriel-François Nègre, Chevalier, Conseiller du Roi en ses Conseils, Lieutenant Criminel de la Ville, Prévôté et Vicomté de Paris. — Collationné. *Signé*, Brussel. — Cette ordonnance est extraite du *Dictionnaire ou Traité de la Police générale*, par M. Edme de la Poix de Fréminville, 1 fort vol. in-12, Paris, 1775.

ne doit pas remettre le cadavre à la famille; on comprend sans peine ce qu'il y aurait d'indécent et de scandaleux à voir des familles éplorées traîner derrière elles, dans des voitures à bras ou dans des fiacres, le cadavre d'un père ou d'un fils chéri; elle fait remise du corps à l'administration des pompes funèbres. — On sait que cette administration fonctionne peu gratuitement, je ne pense pas que le préjugé du *droit de Morgue* soit venu de là[1].

Maintenant, qu'est-ce que le *public de la Morgue?* On se sert souvent de cette expression, qui semblerait désigner une classe particulière d'individus dont le rendez-vous habituel serait la Morgue; je ne sais trop si les habitants du quartier y vont souvent, mais j'y ai vu entrer des personnes appartenant à toutes les classes de la société; les étrangers la visitent, principalement les Anglais : ceux-ci ne se contentent pas de la *Salle d'exposition*, et si on les y autorisait, ils visiteraient l'intérieur jusque dans ses moindres détails. Il est vrai, je dois le dire, que certaines personnes appartenant à la classe populaire y restent longtemps, discutant le genre de

[1] « Lorsque la famille reconnaît son parent et qu'elle veut lui donner la sépulture, elle fait sa déclaration à la préfecture de police; munie d'un certificat de sa municipalité, elle paye 50 livres au bureau de police, et fait enlever le cadavre.

« Il nous semble qu'il serait juste de ne pas faire payer les familles indigentes, afin de ne pas les priver de donner la sépulture à celui que la misère a porté à abréger ses jours. » *Miroir du nouveau et de l'ancien Paris*, par Prudhomme, t. II, p. 74, ch. XXVI.

mort, l'âge, etc., les circonstances qui ont pu amener tel ou tel cadavre à la Morgue; les réflexions auxquelles elles se livrent, les propos qu'elles y échangent, prouvent aussi le peu de respect du peuple de Paris pour la mort. Je n'ai pas été seul à faire cette remarque.

« La Morgue, c'est le Luxembourg, la Place Royale de la Cité. On va là pour voir les noyés, comme ailleurs on va pour voir la mode nouvelle, les orangers en fleurs, les maronniers, etc. L'œil sauvage qui vient se coller au carreau gras de ce cadre trop étroit pour la curiosité fouille dans ces chairs inconnues, en interroge l'énigme et explique hardiment le sujet de cette gravure avant la lettre[1]. »

« La Morgue est pour eux un sujet de curiosité simple et banal : ils y vont chercher les nouvelles du jour, examiner les assassinés, compter les noyés et inspecter les pendus. Le vestibule est toujours plein : on regarde, on cause, on rit, on fait des réflexions triviales, bêtes ou obscènes, comme si, en touchant le seuil de cette ville sceptique et railleuse, la mort même avait perdu tout à coup sa terreur et sa majesté[2]. »

« Je le répète, s'il est au monde un spectacle triste, un spectacle affreux, c'est celui de la Morgue, et cependant, le jour où je me suis transporté pour l'examiner en détail, j'ai vu dans la salle du public des hommes, des femmes, des curieux et des curieuses qui examinaient froidement tous ces cadavres, dont quelques-uns étaient noirs et verdâtres. Ah! quel malheur qu'une si belle femme se soit *neyée*[3], disait un homme à sa voisine en

[1] Léon Gozlan — (*article cité*).

[2] Louis Enault — (*article cité*).

[3] Néier, *noier*, v. a. L'un et l'autre se dit, mais *néier* est

montrant une morte dont le corps blanc se détachait sur la pierre noire! *Quelle belle* carcasse ça faisait! Puis c'étaient des propos grivois et même obcènes et ces propos étaient accueillis par les rires d'une grande partie de l'assistance. Il n'est pas de population, il faut bien le dire, qui ait moins que le bas peuple de Paris le sentiment de la dignité et de la majesté de la mort[1]. »

« On sait avec quelle avide curiosité le peuple se présente à ce repoussant spectacle, mais ce n'est pas toujours la curiosité seule qui attire dans ce triste lieu. Les employés et les habitués de la Morgue ont dû être plus d'une fois témoins de scènes déchirantes[2]. »

« Il n'y a plus que les expositions à voir depuis qu'on n'exécute plus les particuliers très-connus en place de Grève. Souhaitons aux badauds qu'on ne leur ôte pas aussi le carcan, ce qui les réduirait à la Morgue, pour unique récréation[3]. »

Etc., etc.

Cela est très-vrai, mais la faute n'en est-elle pas un peu aux journalistes, aux chroniqueurs, aux romanciers qui lui racontent chaque jour les choses les

le mot d'usage et il n'y a plus guère que les poëtes qui se servent de *noier*, y étant contraints par la rime — Richelet. 1685.

Encore un mot qui a eu son bon temps.

[1] E Texier — (*article cité*).

[2] H. Brochin — article intitulé la *Morgue*, t. II, p. 260 du *Paris pittoresque* de G. Sarrut et St-Edme. 1842. 2 v. in-8.

[3] F. de Courcy, — article intitulé les *Quais, les ponts et les places*, t. V, p. 224 du *Nouveau Tableau de Paris au* XIX*e* *siècle* (par G. Henrion) 1833, 7 vol. in-8.

Voir aussi un article sur la Morgue dans *Ce qui se voit dans les rues de Paris*, par M. V. Fournel, 1858, 1 vol. in-12, etc., etc.

plus excentriques, les plus bizarres, les plus extraordinaires : et ce sont des histoires d'assassinats, de crimes horribles devant lesquels la lecture des *Causes célèbres* pâlit étrangement. Que voulez-vous, s'il préfère à vos récits les plus dramatiques, à vos peintures les plus effrayantes, la réalité, et quelle réalité!... Un cadavre est étendu sur la table de marbre; la tête est double de son volume ordinaire, les paupières sont boursouflées, le nez disparaît au milieu des joues gonflées. Il a la bouche béante, — trou hideux, bordée de lèvres volumineuses; le cou est à peine indiqué, la poitrine est uniformément bombée; les bras s'éloignent du corps, les jambes, les cuisses sont aussi écartées l'une de l'autre : on dirait que chaque partie du corps a horreur d'elle-même. Des stries verdâtres ou brunes dessinent le trajet des veines; de ce cadavre, suinte un liquide infect d'un brun rougeâtre; il en sort par les yeux, par les narines, par la bouche, par l'anus, par tous les pores..... Mais c'est encore d'un *beau noyé* que je vous parle!

Et que dire à ce public de la Morgue quand, le matin, ayant lu dans *le journal* qu'une jeune fille s'est réveillée pendant la nuit sur les dalles glacées du funèbre monument (*ceci a été imprimé*), il viendra s'entretenir de ce fait invraisemblable?

Ceux qui ont de la littérature racontent, — après avoir lu les *Yeux verts de la Morgue*[1], — qu'une nuit, le gardien étant couché avec sa femme, celle-

[1] Les *Yeux verts de la Morgue*, par M. Léo Lespès.

ci lui dit : Regarde comme mes cheveux tombent, il faudra bientôt que j'achète une natte. — Ce n'est pas la peine, répondit l'homme en l'embrassant, j'ai en bas le numéro deux dont les cheveux sont de la même teinte que les tiens, tu les auras.....

C'est aussi là qu'on répète cette jolie définition[1] :

La Morgue est une armoire DE NOYÉS.

La nouvelle à la main y est aussi cultivée :

Il est deux heures du matin, un ivrogne sonne à la Morgue.

« Que voulez-vous, dit le gardien qui a ouvert la porte ?

— Y a quat' jours que j'suis en bordée, j'ai pas rentré, ça m'inquiète, — je viens voir si j'suis pas ici ! »

Etc., etc. — Mais j'allongerais indéfiniment ce chapitre si je voulais raconter les histoires qui se débitent en cet endroit ; et à qui la faute si ce n'est à cette littérature odieuse dont le populaire se montre si friand[1]. Aussi, quand il arrive à la Morgue, il

[1] Extrait de l'album de M. Félix Tournachon, dit Nadar ; cette pensée (!!!) est signée K. Haas et a été publiée dans le *Figaro* du 18 février 1858.

[2] « Les romanciers ont beaucoup trop écrit sur la Morgue il est toujours regrettable que l'on fasse du drame, de l'exagération là où il y a matière à une étude sérieuse, à des améliorations réelles. » Article sur la statistique de la Morgue signé Ch. Poisson. *Messager de l'Assemblée*, 28 février 1851.

croit difficilement que le suicide ou un accident aient pu amener là les cadavres qu'il y voit : pour lui ce sont des assassinés, des assassinés dont il montre même les blessures; — on a vu au chapitre de la statistique, combien ces cas se présentent rarement.

N'oublions pas non plus de consigner ici un fait qui a bien son importance ; chaque jour les journaux enregistrent qu'on a transporté à la Morgue un cadavre, trouvé dans telles ou telles circonstances ; rarement ils sont sûrs du fait, ce qui ne les empêche pas de le raconter dans ses détails les plus minutieux ; or, toute famille de province qui a son fils depuis quelques jours à Paris, écrit immédiatement au greffier qu'elle croit reconnaître son enfant dans le signalement donné par la *Patrie*, par exemple, et qu'elle le prie de vouloir bien rassurer une famille éplorée, etc. — A quoi le greffier répond, — presque toujours, — que le journal s'est trompé, que la Morgue n'a pas reçu de jeune homme depuis un mois et demi, et que le cadavre apporté le jour en question était celui d'une femme de soixante-dix ans...

Nous avons lu un grand nombre d'articles sur la Morgue ; à tous il y aurait des erreurs à relever, travail que nous ne voulons pas faire. Si nous avons discuté sur ce terrain avec MM. E. Texier et L. Gozlan, c'est que les articles de ces messieurs sont lus, — ce que nous ne pouvons pas dire des autres. Mais ce sont les romanciers qui ont le plus abusé de la Morgue ; ils l'ont peinte, dépeinte et transfigurée suivant les besoins de leur histoire; nous n'en citerons qu'un exemple[1] :

« La Morgue est un petit bâtiment carré, placé comme en vedette vis-à-vis un hôpital; le toit forme un dôme revêtu d'herbes marines et d'une plante toujours verte qui est d'un charmant effet. On aperçoit la Morgue de très-loin ; les flots qui roulent à ses pieds sont noirs et chargés d'immondices. On entre dans ce lieu librement, mort ou vif, à toute heure de la nuit et du jour ; la porte basse en est toujours ouverte. Les murs suintent ; sur quatre ou cinq larges dalles noires, les seuls meubles de cette caverne, sont étendus autant de cadavres ; quelquefois, dans les grandes chaleurs et à tous les mélodrames nouveaux, il y a deux cadavres par chaque dalle. On n'en comptait que trois ce jour-là. Le premier était un vieux manœuvre qui s'était écrasé la tête en tombant d'un troisième étage, au moment de finir sa journée et d'aller en recevoir le faible salaire. Il était évident que ce malheureux, après de longues années de travail, était devenu trop faible pour son rude métier ; les commères de l'endroit, et cet endroit était pour elles un délicieux rendez-vous de divertissement et de bavardage, racontaient entre elles que, de trois enfants qu'avait laissés et élevés le vieillard, aucun d'eux n'avait voulu reconnaître son père, pour éviter les frais de sépulture. A côté du pauvre maçon, un jeune enfant, écrasé par la voiture d'une comtesse de la rue du Helder, était étendu, à demi caché par un cuir noir et gluant qui voilait sa large blessure : vous auriez dit que l'enfant dormait, oubliant la leçon et la férule du maître d'école; au-dessus de sa tête étaient

[1] *L'Ane mort et la femme guillotinée.* — Jules Janin, 1829, in-12.

suspendus sa casquette, son carnet vert, sa blouse brodée, souillée de poussière et de sang, le léger panier qui renfermait son goûter. Sur la pierre du milieu, entre l'enfant et le vieillard, moisissait le corps d'un beau jeune homme déjà saisi par le violet de la mort.

. . . .

Ce jour-là, c'était la fête patronymique du gardien de la Morgue ; sa famille et ses amis s'étaient réunis autour de sa table; on lui chantait des couplets faits exprès pour lui. Il était tout entier à la commune ivresse ; seulement de temps à autre il levait le rideau rouge de la salle à manger, comme pour voir si l'on ne venait pas voler ses morts, » etc., etc.

Maintenant, et pour en finir avec cette série interminable, nous allons reproduire une curieuse fantaisie extraite des *Contes et ballades* de Champfleury[1].

LA MORGUE.

« Un bâtiment bourgeois et carré qui baigne ses pieds dans la Seine, voilà la Morgue au dehors.

[1] M. Champfleury a mis très-gracieusement à notre disposition sa petite ballade, nous priant seulement de la faire accompagner, *comme châtiment*, des quelques lignes qui la précèdent dans son livre : *Souvenir des Funambules*. « C'est à cette époque que je me promenais effrontément dans Paris, sans rougir d'avoir signé de mon nom je ne sais quels essais de prose particulière que j'intitulais *Ballades*, et qui étaient un dernier reste de la littérature de cimetières, de Montfaucon, d'âne mort et d'abattoir que, j'espère, on ne lit plus du tout aujourd'hui. Il est peut-être curieux de réimprimer cet aimable chef-d'œuvre. On reconnaîtra les préoccupations d'un homme de bonne foi qui ne vit clair qu'au demi-siècle,

« Huit lits de pierre, huit cavaliers dessus, voilà la Morgue au dedans.

« La Morgue aime la Seine, car la Seine lui fournit des épaves humaines.

« Ce qu'elles consomment à elles deux, ces terribles recéleuses, on l'ignore; mais le nombre en est grand.

« Elles ne tiennent par à avoir des amants beaux et coquets, roses et blonds. Ouich! elles veulent la quantité.

« Aussi la Morgue s'entend-elle avec la Seine pour défigurer les hommes, afin de les garder le plus longtemps possible.

« Ce n'est pas dans Paris que la Seine est une gaie rivière, et il faut marcher loin pour retrouver les *bords fleuris* de madame Deshoulières.

« La Seine de Paris est une rivière fétide, verte l'été, jaune l'hiver, obscure comme une chambre noire.

« Quand la Seine empoigne un homme, elle vous le prend au collet comme un sergent de ville et l'emmène dans son lit. Les matelas de ce lit sont rembourrés de tessons de bouteilles, de bottes moisies, de chiens et de chats sans poils, enfin la quintessence des immondices de Paris, la ville aux immondices.

« La Seine est capricieuse comme une femme; elle a des fantaisies. Elle garde son nouvel amant quelquefois un jour, quelquefois une semaine, quelquefois un mois, selon que le cavalier lui plaît. Puis, fatiguée, elle le lâche en le parant de ses couleurs. Il revient vert ou jaune.

« Alors la Morgue ouvre ses grands bras et s'empare des restes de la Seine. Elle commence par ôter au cavalier ses habits qui pleurent.

en 1850, et qui eut beaucoup à faire pour se débarrasser des fâcheuses lectures et des courants funestes qui s'emparent des esprits les moins disposés à les ressentir. »

« Elle l'étend sur un lit de pierre après l'avoir bien nettoyé, bien lavé, bien *ficelé*, disent quelques-uns.

« Et tous les jours la Morgue ouvre ses portes au public. Elle ne craint pas, l'impudique, d'accuser le nombre de ses amants.

« La foule, gourmande d'émotions, y court; surtout les femmes. Par hasard j'entrai un jour.

« Sur un lit était étendu un vieillard que la Seine avait teinté de rose. Les cheveux étaient blancs, rares et hérissés. Sur sa poitrine se dressaient quelques poils, blancs et rares aussi. Le ventre était gonflé sous le masque de cuir, qui est la feuille de vigne de la Morgue.

« Parmi les curieux se trouvait une femme portant dans ses bras un enfant. La femme aurait voulu avoir dix yeux pour voir. L'enfant sommeillait. — Eh! petit, dit la mère en montrant du doigt le vieillard plus terrible que la plus terrible toile espagnole, regarde donc, vois-tu le *beau monsieur!* »

16 août 1846.

Ce petit croquis, que juge si sévèrement son auteur, est cent fois plus saisissant que les broderies plus ou moins ingénieuses dont MM. Enault, Texier, etc., ont enrichi leur description.

Après la ballade de Champfleury, la ballade de Charles Nodier :

LA MORGUE.

« Voici, après l'échafaud, le plus hideux des monuments de la civilisation.

« La Morgue est la chapelle ardente de l'infortune et

du crime. C'est là que l'on dépose les morts qui n'ont pas de nom et que la police a recueillis sur la voie publique.

« C'est une espèce de tribunal épuratoire où l'on déchiffre l'anonyme du cadavre avant de le donner à la voirie ou au cimetière.

« Le noyé que le fleuve abandonne sur ses grèves, le passant attardé qui est tombé sous le coup d'un assassin, le suicide qui s'est frappé loin de son domicile, pour épargner aux siens la honte et la douleur de ses funérailles, vont subir l'exposition de la Morgue et attendre du témoignage de la populace un état civil après décès, le baptême posthume de la notoriété[1].

« Si Malfilâtre avait péri de faim dans la rue, on y aurait porté Malfilâtre; si Gilbert avait avalé sa clef avant d'entrer à l'Hôtel-Dieu, on y aurait porté Gilbert. Il n'y a pas de mois qu'on n'y porte un homme de talent ou d'espérance qui aurait été Gilbert, qui aurait été Malfilâtre, et auquel il n'a manqué que des prôneurs et du pain.

« Il y a des jours de l'année où la Morgue est beaucoup trop étroite : le lendemain d'une émeute, le lendemain du mardi gras, le lendemain d'une fête nationale.

[1] M. Girault de Saint-Fargeau s'est rencontré, *par hasard*, avec Charles Nodier. On peut juger : — Le noyé que le fleuve abandonne sur ses grèves, le passant attardé tombé sous les coups d'un assassin, le suicide qui s'est frappé loin de son domicile pour épargner aux siens la douleur de ses funérailles, les victimes d'un accident, à quelque classe de la société qu'ils appartiennent, sur lesquels rien ne constate l'identité, vont subir à la Morgue l'exposition, et attendre du témoignage des leurs ou des passants un état civil après décès. — *Les Quarante-huit quartiers de Paris*, 3e édition, 1850, 1 vol. in-12, p. 390.

Mais, dira-t-on, n'y a-t-il pas quelques mots de changés? — Parbleu !

« Le lendemain d'une révolution qui a réussi, le corps des combattants reçoit des honneurs funèbres et un tombeau. Le lendemain d'une révolution qui a échoué, il passe de la Morgue à Clamart[1]. »

Je voulais m'arrêter, et cependant voici un livre, écrit par une Anglaise, miss Trollope, qui nous apporte aussi son contingent :

« Y a-t-il dans un langage quelconque un mot qui fasse naître autant de sensations d'horreur que le nom de la *Morgue?* La haine, la vengeance et le meurtre sont terribles ; mais la Morgue les surpasse tous par le pouvoir qu'elle possède de présenter à l'esprit en une seule syllabe tout ce qu'ont de plus effrayant le crime, la misère, le désespoir et la mort.

« C'est à l'horrible Morgue que sont transportés tous les morts inconnus qui se découvrent dans Paris ou les environs.... Je partage, à ce que je crois, avec la plupart des personnes un désir extrême de voir tout ce qui se rattache directement ou indirectement aux sujets ou aux événements qui m'ont intéressée; mais, chose étrange à dire! l'influence de ce sentiment n'est jamais aussi forte que quand il se mêle à ce spectacle quelque chose d'horrible, c'est ce désir qui m'a, dans cette occasion, engagée à visiter cet asile de la mort, cet humble et solitaire toit placé au centre même de cette ville de Paris, si vivante, si riante.

« Quelque triste, quelque morne que soit une visite faite à un tombeau, elle ne saurait se comparer pour l'horreur

[1] *Paris historique ; promenades dans les rues de Paris*, par Ch. Nodier, 1838, 2 vol. in-8.

à la sensation que l'on éprouve en passant le seuil de ce charnier.

« Un tombeau nous porte à la contemplation du sort commun, inévitable, de tous les hommes; mais ce lieu, où se rassemblent le péché et la mort, fait naître en nous des pensées qui rappellent tout ce qui outrage le plus cruellement la nature et viole le sanctuaire de la vie, animé par le souffle de Dieu. Mais j'étais fermement décidée à le visiter, et j'ai accompli mon dessein.

« La Morgue est un petit édifice bas, carré, soigneusement blanchi, et situé sur le quai de la Cité. Il est ouvert au public, et l'on frémit en songeant combien de cœurs y sont entrés pleins d'inquiétude et en sont ressortis livrés au désespoir.

« En y entrant, je me trouvai dans un vestibule peu élevé et qui ne renfermait aucun objet quelconque. Si je ne me trompe, il y a une salle de chaque côté; mais ce fut dans celle qui est à gauche que l'on me fit entrer, en même temps qu'une douzaine environ d'autres personnes. Je ne me rappelle pas précisément de quelle manière je parvins à l'endroit où les corps étaient visibles, mais je sais que je me trouvai placée devant une grande fenêtre (il y en avait trois), au travers des carreaux de laquelle je vis de tout près une rangée de brancards s'abaissant vers les spectateurs dans un angle qui permettait de voir distinctement la physionomie et tout le corps des personnes qui y étaient étendues.

« De cette manière, je vis les corps de quatre personnes rangées devant moi; mais leur aspect n'avait rien qui ressemblât à la mort. Ils n'étaient pas non plus enflés ni défigurés, mais seulement décolorés au point de leur donner exactement l'apparence du bronze.

« Deux d'entre les quatre avaient évidemment été assassinés, car leurs têtes et leurs cous portaient des marques effrayantes de la violence dont ils avaient été les victimes.

Le troisième était un très-jeune garçon dont la mort avait probablement été accidentelle; tandis que le quatrième paraissait, à n'en pouvoir douter, avoir commis un suicide. Jusque dans la mort ses traits offraient l'expression du désespoir qui seul pouvait l'avoir poussé à un pareil acte.

« Il était midi passé quand nous entrâmes à la Morgue; mais aucun de ces corps n'avait encore été réclamé ou reconnu. »

C'est tout ce que miss Trollope dit de la Morgue; j'avoue ne pas comprendre les deux dernières lignes.

VI

LA LEGENDE DE LA MORGUE

VI

LA LÉGENDE DE LA MORGUE

> Ne t'attendris pas trop, cher lecteur, le jour n'est peut-être pas éloigné où tu auras besoin de toute ta commisération pour toi-même. Est-ce que tu sais comment tu finiras, toi[1] ?
>
> HENRI HEINE.

SOMMAIRE. — Le journal de l'avocat Barbier. — Un lieutenant de Cartouche : *Jean l'Abaty*. — Comme quoi politiquer fut toujours dangereux. — SEIZE petits enfants à la *Morgue*. — Une tête d'homme cuite au lard. — Le lendemain de la prise de la Bastille. — F. Foulon et Bertier de Sauvigny. — Une *carmagnole* d'Anaxagoras Chaumette.— La *Bergère d'Ivry* et la *Belle écaillère*. — Le démon de la perversité. — 1830 : 125 martyrs de la liberté. — Juin 1832. — *Catastrophe du Champ de Mars*. — Mai 1839. — L'*Enfant de la Villette*. — Mademoiselle Rachel à la *Morgue*. — Ce qui peut résulter d'une visite à la *Morgue*. — Histoire des dix tables de marbre. — Duchâtelet, Lepeintre, Villars, Gérard de Nerval. — Un PRINCE à la *Morgue*.

L'histoire a peu tenu compte des événements qui se sont passés à la Morgue, et de toutes ces foules,

[1] Les quelques lignes qui servent d'épigraphe à ce chapitre sont extraites de la dernière édition de *Poëmes et légendes* d'Henri Heine. Elles ont été écrites à propos de Gérard de Nerval.

bruyantes ou silencieuses, qui, à certains moments, se sont heurtées, pressées à ses portes, il ne reste plus aujourd'hui que quelques lignes perdues dans un journal mort ou oublié. La première fois qu'il en est parlé, c'est dans le journal de l'avocat Barbier[1], à propos d'un meurtre qui avait causé dans Paris une certaine sensation. On avait trouvé derrière les Chartreux un homme horriblement mutilé; la tête était presque séparée du tronc, il avait le nez coupé, les parties sexuelles mises dans la bouche et de son ventre ouvert sortaient les entrailles. Sur ce cadavre était attaché un écriteau portant ces mots : *Ci-gît Jean l'Abaty*[2], *qui a eu le traitement qu'il méritait; ceux qui en feront autant que lui peuvent*

[1] *Journal* de Barbier, 7 vol. in-8. (*Manuscrits de la Bibliothèque impériale.*)

De nouvelles recherches m'ont fait découvrir que la *Morgue* (lieu de dépôt de cadavres), loin d'exister seulement depuis 1752, comme le croit M. E. Fournier, depuis 1714, comme je l'indique page 7, note 1;— page 11, et même depuis 1702, si l'on s'en rapporte à l'estampe de Manesson-Mallet, page 10, note 2, existait déjà en **1604** :

« Il est conduict à Paris, le 27 dudict mois d'avril passé (1604), et découvert devant le logis de M. le chancelier, MENÉ AU CHASTELET ET EXPOSÉ EN VEUE AU LIEU ACCOUSTUMÉ. » —*Chronologie septenaire contenant l'histoire de la paix*, etc., par Mᵉ P. V. Palma Cayet. (*Collection Michaud et Poujoulat*, 2ᵉ partie du t. XII, p. 299.)

[2] *Jean l'Abaty*, ou *Jean Rebaty*, comme dit le *Mercure de France*, signifiait Jean l'assommé, Jean le massacré. *Abaty* ou *Rebaty* est un terme d'argot qui veut dire tué; voy. le *Dictionnaire argot-français et français-argot*, à la suite du poëme de Grandval : le *Vice puni ou Cartouche, poëme héroïque, comique et tragique en treize chants*. 1726, in-8.

attendre le même sort. Ce corps resta deux ou trois jours à la Morgue sans être reconnu ni réclamé ; on sut plus tard que ce malheureux était un nommé Jacques le Fèvre (ou Lefebvre), un des complices de Cartouche. A cette époque, les *cartouchiens* étaient vivement traqués par la police; la bande était en pleine désorganisation, et Cartouche voyait partout la trahison se dresser derrière lui; ses soupçons étant tombés sur Jacques le Fèvre, soldat aux gardes françaises, jeune homme âgé de vingt et un ans à peine, il lui donna rendez-vous, le 11 octobre 1721, dans un enclos qui était derrière les Chartreux [1], et là, sans lui laisser le temps de se défendre, il le frappa de son épée : toute la bande se précipita sur ce malheureux. Mais ce fut Gruthus Duchâtelet, soldat aux gardes de la compagnie de M. de Caumont et affilié à la troupe de Cartouche, qui le mit dans l'état horrible où il fut retrouvé. « Duchâtelet, dit Cartouche dans ses aveux, était de beaucoup le plus féroce, il s'est lavé littéralement les mains dans le sang de le Fèvre. »

On comprend très-bien que personne ne se souciait de venir réclamer ce cadavre.

Au mois d'avril 1722, un meurtre, accompli dans des circonstances mystérieuses, excita la curiosité du public; on avait exposé à la *Morgue*, au Châtelet,

[1] C'est dans ce même enclos que, le 2 août 1589, Claude de Marrolles, du parti de la Ligue, tua en combat singulier Jean de Marivaux, du parti du roi. — Le célèbre Eustache Lesueur, alors inspecteur des recettes aux entrées de Paris, y tua aussi un gentilhomme.

le cadavre d'un homme percé de deux coups de poignard et trouvé dans la rivière. M. de la Jonchère, trésorier général de l'extraordinaire des guerres, le reconnut pour être le nommé Sandrier, son premier commis, lequel avait disparu depuis trois semaines; mille bruits à ce sujet couraient le populaire. « On dit, raconte Barbier, que c'est pour avoir mal parlé du gouvernement, et l'on dit que l'on a pris sept ou huit de ces nouvellistes qui s'avisent de gloser sur ceux qui administrent[1]. »

Mais ce qui fit courir Paris, ce fut l'exposition à la Morgue de quinze ou seize petits enfants dont le plus âgé pouvait avoir trois ans; il y avait foule aux abords de la Morgue, le peuple était effrayé et attribuait ces cadavres au départ des soldats aux gardes, sans réfléchir qu'au lieu de tuer ces enfants il eût été plus simple de les mettre aux Enfants-Trouvés, qui les reçoivent sans explication. Mais cela s'éclaircit bientôt : le célèbre anatomiste Joseph Hunauld était cause de tout ce scandale; c'était lui qui, pour se livrer à des expériences, avait réuni chez un chirurgien de ses amis tous ces cadavres; les habitants du quartier que ce voisinage effrayait se plaignirent à un officier de police qui fit enlever et transporter à la Morgue tous ces enfants[2].

Le 10 mai 1741, la Morgue renfermait quelque chose d'immonde, une chose aussi horrible que dé-

[1] Barbier, *Journal historique et anecdotique du règne de Louis XV*, publié par A. de la Villegille, 1847, in-8, t. I, p. 141.
[2] *Journal* de Barbier, t. II, p. 37.

goûtante, une tête d'homme cuite avec des herbes et du lard. Voici comment elle était arrivée au Grand-Châtelet : un faïencier qui restait rue Saint-Martin avait vu dans la matinée du 10 mai un homme entrer dans l'allée de sa maison ; cet homme tenait à la main une *huguenote*[1]. Il ne s'était nullement préoccupé de ce fait, qui par lui-même n'avait du reste rien d'insolite, lorsque, peu de temps après, entrant lui-même dans cette allée, il trouva la huguenote au bas de l'escalier. Découverte faite de son contenu, elle fut portée à la Morgue, « où tout le peuple alla la voir[2]. »

« 1767. — Un particulier, venant du Grand-Caire, a rapporté une *momie* comme un objet de curiosité pour orner son cabinet. Passant par Fontainebleau, il a pris le coche d'eau de la cour pour se rendre à Paris. Mais par oubli, en faisant emporter ses bagages du coche, il a laissé la boîte qui contenait la *momie*. Les commis l'ont ouverte, ont cru y voir un jeune homme étouffé à dessein, ont requis un commissaire qui s'est rendu sur les lieux avec un chirurgien aussi ignorant que lui. Ils ont dressé un procès-verbal et ordonné que le cadavre serait porté à la Morgue, pour y être exposé et reconnu par ses parents ou autres, et qu'on informerait contre les auteurs du meurtre. Cela a excité une grande rumeur dans le peuple, indigné de l'atrocité du crime, dont on l'a instruit, et sur lequel on a forgé cent

[1] Ou *huguenotte*, sorte de marmite sans pieds.
[2] *Journal* de Barbier, t. II, p. 293.

conjectures plus criminelles les unes que les autres. Le propriétaire de la momie s'étant aperçu de son étourderie, a retourné au coche réclamer sa boîte. On l'y a arrêté, on l'a conduit chez le commissaire, qu'il a rendu bien honteux en lui démontrant sa bévue, son ignorance et celle du chirurgien. Pour retirer de la Morgue le cadavre prétendu, il a fallu se pourvoir par-devant M. le lieutenant-criminel, ce qui a rendu très-publique cette histoire qui fait l'entretien de la cour et de la ville [1]. »

On voit par ces exemples que la légende de la Morgue n'offre rien de très-curieux; arrivons à 1789. On sait comment Foulon mourut, le peuple le pendit à la lanterne [2].

« Le peuple lui-même a nommé sept juges qui lui ont fait son procès sommairement et l'ont con-

[1] Les *Mémoires secrets*, t. III, p. 279. — Taconnet fit de cette aventure une pièce qui eut un grand succès et dans laquelle était fort ridiculisé le commissaire Rochebrune, héros de l'affaire. — A propos de la pièce de Taconnet, M. Fournier, qui, dans son livre (déjà cité), raconte ce fait, dit « qu'elle ne doit pas être imprimée, car elle ne figurait pas dans le *Recueil factice* de ses pièces, fait par du Croisy, et que possédait M. de Soleinne. » V. le catalogue de la bibliothèque Soleinne, t. III, p. 181.

[2] Le réverbère auquel fut pendu Foulon était situé au coin de la rue de la Vannerie, maison de l'épicier, au-dessus de l'auvent et au-dessous d'un buste de Louis XIV; — et on lisait dans le *Journal du Palais-Royal* : « Maison du coin du roi, dite hôtel du Réverbère, à vendre : le propriétaire de cette maison ne veut plus coucher journellement près d'une potence. » — *Histoire de la société française pendant la Révolution*, par E. et J. de Goncourt, 1854.

damné à être pendu ; on l'a descendu de l'Hôtel de Ville, on l'a attaché par le col à la corde d'un réverbère, on l'a tiré en l'air, et la corde a cassé ; on a raccommodé la corde, et l'on a recommencé à le pendre ; la corde a cassé une seconde fois ; on est allé chercher une corde neuve ; un homme est monté sur la potence du réverbère, a passé la corde dans les poulies, et on l'a pendu pour la troisième fois.

« Tout cet appareil de mort a duré trois quarts d'heure, après quoi on a descendu le cadavre, on lui a coupé la tête ; on a dépouillé le corps qui a été traîné dans les rues et de là à la Morgue. Sa tête a été promenée dans la ville au bout d'une pique. Il avait dit souvent que, pourvu qu'il fût contrôleur général des finances pendant vingt-quatre heures, il lui était indifférent de mourir après. Ses souhaits ont été accomplis[1]. »

Son gendre Bertier arriva le soir même à Paris ; près de Saint-Merry, le peuple, qui était allé à sa rencontre, voulut lui faire embrasser la tête de son beau-père. Puis, ivre de sang et de fureur, cette populace ne veut pas pour sa nouvelle victime des trop lentes formalités de la justice, elle le massacre aussi ; un soldat, un dragon lui ouvre la poitrine et

[1] *Révolution de Paris et de toute la France. — Recueil des pièces les plus intéressantes concernant les troubles qui règnent actuellement en France*, — août, 1789, n° 1. — Le passage que nous avons donné est extrait d'un article intitulé : la BOTTE DE FOIN, *ou Mort tragique du sieur Foulon, ministre de quarante-huit heures.*

va, jusqu'au milieu de ses entrailles palpitantes, lui arracher le cœur pour le porter au comité. Ensuite ce cœur fut placé au bout d'un coutelas et promené dans Paris ainsi que la tête de la malheureuse victime[1].

Les membres mutilés de Foulon et de Bertier se retrouvèrent à la Morgue : « Je déclare que le sieur Soudin a été chassé du bataillon de Sainte-Opportune; qu'il est prouvé que cet homme, à l'époque de la Révolution, a été prendre à la Morgue les deux têtes de MM. Bertier et Foulon; qu'après les avoir lavées dans un seau d'eau il les a portées sur le quai de la Ferraille et les a données au peuple pour les mettre au bout d'une pique[2]. » Cette déclaration est signée Jacques Guibout, marchand de galons, rue aux Fers, grenadier du bataillon de Sainte-Opportune, et fait partie d'une dénonciation concernant les événements arrivés le 20 juin 1792 ; — ce Guibout avait reconnu parmi les plus exaltés le sieur Soudin, sur lequel il donna les renseignements qu'on a lus.

Au mois d'octobre 1793, le peuple apprend qu'il y a à la Morgue le corps d'un nommé Charles Lavalery, administrateur du département de Seine-et-Oise ; il y court et croit reconnaître que cet homme est une victime de l'aristocratie. Immédiatement le conseil arrête que le corps de *ce citoyen* sera apporté et qu'on va lui faire des funérailles, lorsque

[1] *Moniteur*. — Juillet 1789.

[2] *Revue rétrospective ou Bibliothèque historique*, etc., n° 11. Février 1835, p. 211 (vol. I, 2ᵉ série).

deux citoyens déclarent et prouvent que ledit Lavalery n'était qu'un aristocrate, et demandent à ce que son corps soit jeté à la voirie. Pour éviter toute scène scandaleuse, le conseil fit sur-le-champ enterrer ce cadavre ; seulement ce fut pour le frère de lait du *Père Duchesne*, pour ce bon Anaxagoras Chaumette, l'occasion d'un discours, d'une petite *carmagnole* à l'adresse de la Morgue[1]. Il s'éleva avec force contre ce lieu infâme, contre cet établissement fait du temps de la monarchie « et qui reçut les victimes du crime et du sort; » il le déclara dégoûtant et indigne d'un peuple républicain, et demanda à ce que l'administration des travaux publics fît un prompt rapport pour que l'on construisît un local propre, sain, aéré, pour y déposer les corps trouvés morts, les exposer sur un lit de pierre qui pourrait être arrosé par une fontaine toutes les fois que cela serait nécessaire. Il demanda aussi qu'on plaçât dans ce lieu un tableau pour y inscrire le procès-verbal constatant la mort, la levée du corps, etc., toutes choses qui n'eurent lieu, comme on l'a vu, qu'en 1804.

Suivons attentivement les journaux; jusqu'en 1814, ils ne nous donnent rien de bien intéressant sur la Morgue ; seulement au mois de novembre 1814 on trouve dans différents quartiers de Paris des débris de cadavres ; — réunis, ils sont exposés à la Morgue. L'affaire fit tant de bruit, que nous lisons dans

[1] *Journal de Paris*, n° 280, 7 octobre 1793.

les journaux du temps : Une affluence prodigieuse se porte depuis trois jours à la Morgue, où l'on voit exposés les membres mutilés de cet homme. Les hommes de la classe la plus distinguée et même des femmes élégantes sont venus; — de brillants équipages étaient arrêtés devant la Morgue. Aujourd'hui elle est fermée, mais la foule n'en est pas moins considérable au Marché-Neuf. Deux gendarmes en faction ne laissent entrer qu'un petit nombre de personnes. On prétend que ce matin des peintres ont été chargés de reproduire les traits de ce malheureux.

On sut depuis que c'était un nommé Auguste Dautun, receveur de l'enregistrement, qui avait été assassiné par son frère Charles Dautun. Ce dernier fut guillotiné en avril 1815.

Mais ce fut bien pis lorsqu'on apprit qu'il y avait à la Morgue le corps de la *belle écaillère*, Louise Leroux, assassinée par son amant Montreuil. Tout Paris, littéralement, vint voir cette jeune fille, que sa beauté et sa fin déplorable rendaient doublement intéressante.

La même chose arriva en 1827 pour la *bergère d'Ivry*, assassinée par Ulbach, lequel vint, comme tout le monde, voir sa victime à la Morgue.

A ce propos, je noterai ici un fait assez curieux : la plupart des individus qui ont commis un crime viennent à la Morgue s'assurer si leur victime y a été transportée ; j'ai dit la plupart, j'aurais dû dire tous ceux qui peuvent y venir. — La prudence ne le leur commande-t-elle pas, allez-vous me dire ? Oui, mais là n'est pas encore la chose bizarre dont j'ai fait la remarque; si la prudence leur conseille de s'assurer si la justice est sur les traces du crime, elle leur défend de rester longtemps dans ce lieu où toute parole, tout geste, même un mouvement des muscles est recueilli soigneusement par des agents du service de sûreté, disséminés dans la foule.

Eh bien, l'assassin est là! il reste devant sa victime, il la contemple, *il en jouit;* il discute avec les badauds sur le genre de mort qui a amené ce cadavre à la Morgue; il s'indigne contre ceux qui prétendent reconnaître les traces de coups de couteau, quand il leur dit,— *lui qui sait,*— que cette personne a dû mourir étranglée. Il montre les marques bleuâtres occasionnées par la pression des doigts; il cause, il plaisante, il rit; intérieurement il se répète : *C'est cependant moi qui ai fait le coup! c'est moi, et qui le dirait? N'ai-je pas l'air moins affecté même que ces bonnes gens?* Et il constate sa force, sa supériorité; il va, il vient, il parle haut, jusqu'au moment où il se sent serrer au poignet par une main vigoureuse; il ne se retourne même pas, il est anéanti. Une voix brève, impérative, lui a glissé dans l'oreille ces deux mots : *Suivez-moi!* il a compris qu'il était perdu; toute sa force, toute son énergie se sont évanouies subitement. Il a d'autant plus peur qu'il se croyait plus à l'abri; cette supériorité, qu'il se plaisait tout à l'heure à constater intérieurement, fait sa faiblesse de maintenant. Le *suivez-moi* a été pour lui la réponse directe à cette pensée à laquelle il s'arrêtait en ricanant : *Eh ! eh ! c'est moi qui ai fait le coup ! qui le sait ?*

Il ne retrouvera que plus tard toute son intelligence, toute sa force ; mais à quoi lui serviront-elles ? à reconnaître qu'il s'est dénoncé, qu'il s'est arrêté lui-même. — Ce sentiment est beaucoup plus humain qu'on ne croit, c'est lui qu'Edgar Poë définit ainsi : *perversité*. « Quiconque, dit-il, consultera loyalement et interrogera soigneusement son âme, n'osera pas nier l'absolue radicalité du penchant en question. Il n'est pas moins caractérisé qu'incompréhensible. — Nous sommes sur le bord d'un précipice. Nous regardons dans l'abîme, — nous éprouvons du malaise et du vertige. Notre premier mouvement est de reculer loin du danger. Inexplicablement nous restons. Peu à peu notre malaise, notre vertige, notre horreur se confondent dans un sentiment nuageux et indéfinissable. Graduellement, insensiblement, ce nuage prend une forme, comme la vapeur de la bouteille d'où s'élevait le génie des *Mille et une Nuits*. Mais de notre nuage, sur le bord du précipice, s'élève, de plus en plus palpable, une forme mille fois plus terrible qu'aucun génie, qu'aucun démon des fables ; et cependant ce n'est qu'une pensée, mais une pensée effroyable, une qui glace la moelle même de nos os, et les pénètre des féroces délices de son horreur. C'est simplement cette idée : quelles seraient nos sensations durant le parcours d'une chute d'une telle hauteur ! — Et cette chute, cet anéantissement foudroyant, par la simple raison qu'ils impliquent la plus affreuse, la plus odieuse de toutes les plus affreuses et de toutes les plus odieuses images de mort et de souffrance qui se soient jamais présentées à notre imagination, — par cette simple raison, nous les désirons alors plus ardemment. — Il n'est pas dans la nature de passion plus diaboliquement impatiente que celle d'un homme qui, frissonnant sur l'arête d'un précipice, rêve de s'y jeter[1]. »

On lit dans le *Constitutionnel* du 2 août 1830. — Les corps des victimes déposés à la Morgue ont été placés sur des bateaux et conduits sur la Seine à l'endroit où ils doivent être ensevelis ; M. Chevallier, pharmacien, et M. Paul Boquet, élève en pharmacie, se sont chargés de surveiller cette triste opération.

Oui, ce dut être un triste et lugubre spectacle ; voici comme le raconte M. Girault de Saint-Fargeau : « Au bas de la Morgue, un grand bateau, sur lequel flottait un drapeau noir, reçut les cadavres de cent vingt-cinq victimes qui avaient succombé la veille : on les descendait sur des civières ; quelques-uns étaient dans des bières, les autres tout nus ; on les rangeait par piles, on les couvrait de paille et on parsemait les bateaux de chaux vive pour ralentir les progrès de la putréfaction. On y voyait des enfants de dix à douze ans, des femmes, des vieillards. La

[1] Edgar Poë. *Nouvelles histoires extraordinaires*, traduction de Charles Baudelaire, 1 vol. in-18, p. 5.

foule qui bordait les parapets sur les deux rives de la Seine, muette et silencieuse en contemplant cette funeste cargaison de cadavres, paraissait glacée d'horreur. Du milieu de ce silence de la mort partaient des cris de douleur et de violentes imprécations contre les exécrables auteurs de tant d'assassinats. C'est en soulevant le voile qui couvre ce sombre tableau que M. Bernard s'est écrié du haut de la tribune nationale, avec l'accent de la plus profonde indignation : « La légitimité est enterrée sous ces monceaux de cadavres. » Ce funèbre bateau fut conduit vers le Champ de Mars, où les restes de ces braves patriotes furent provisoirement inhumés[1]. »

Oui, et ceci est de M. Gozlan, encore deux jours de plus d'immortalité et de gloire en juillet, et nous avions la peste !

On sait que le règne de Louis-Philippe fut fertile en émeutes; aussi lisons-nous dans le *Constitutionnel* du 8 juin 1832: « La Morgue offrait aujourd'hui un affreux spectacle: des familles éplorées venaient chercher à reconnaître dans trente cadavres entassés et presque tous horriblement défigurés par d'affreuses blessures, si les objets qui leur sont chers étaient au nombre des victimes des sanglantes journées des 5 et 6 juin; parmi les habits de ces malheureux, on voyait quelques uniformes de la garde nationale. » Le nombre des victimes des 5

[1] Les *Quarante-huit quartiers de Paris*. Girault de Saint-Fargeau, p. 390.

et 6 juin transportées à la Morgue s'éleva à soixante-dix-huit, ce que constatent les journaux du 12 juin.

On connaît la catastrophe du Champs de Mars, arrivée le 14 juin 1837 à l'occasion des fêtes du mariage du duc d'Orléans. « Tous les cadavres des personnes écrasées ou étouffées dans cette malheureuse journée n'ont pas été transportés à l'hôpital du Gros-Caillou. La Morgue en reçut vingt-deux, parmi lesquels se trouvait un individu horriblement défiguré, dont les poches contenaient douze montres et un poignard[1]. »

Au mois de mai 1839, la même chose se représenta. — « La Morgue était également encombrée de cadavres, et les gardes nationaux avaient quelque peine à contenir la foule qui s'y portait incessamment. » — *Constitutionnel* du 14 mai. Le numéro suivant constate « qu'il y a eu toute la journée à la Morgue une certaine affluence de curieux. Huit cadavres étaient exposés, dont sept de jeunes gens, paraissant âgés de dix-huit à vingt ans. Les gardes municipaux étaient chargés de régler l'entrée et la sortie du visiteur. »

Parmi ces cadavres, nous citerons ceux de Jean Tourès, condamné par la Cour des Pairs, dans le procès d'Avril, à vingt ans de détention, et que l'amnistie de mai 1837 avait mis en liberté, et de Jean

[1] Le *Cercle, revue de la presse littéraire*. (Extrait du *Journal général des tribunaux*.)

Fournier, ouvrier couvreur, décoré de Juillet. C'était lui qui, en juillet 1830, avait arboré au-dessus des tours Notre-Dame le premier drapeau tricolore qui ait flotté sur Paris.

Il y avait en outre le cadavre d'un sieur Guillaume Omet, âgé de vingt-quatre ans, sur lequel on trouva un papier indiquant que les conspirateurs lui gardaient la place de Préfet de police; sous son gilet était une large ceinture bleue terminée à son extrémité par une frange d'or.

Nous extrayons le récit suivant des *Causes célèbres*[1] : « A l'extrémité nord-est du pont Saint-Michel, presque au coin du quai du Marché-Neuf, se voyait encore, en 1840, un petit bâtiment, d'aspect passablement sinistre, adossé au parapet du petit bras de la Seine. Ce bâtiment réveille des idées de malheur et de crime, c'est la Morgue. » Une simple question avant de poursuivre : Pourquoi donc le rédacteur desdites *Causes célèbres*, lesquelles paraissent en 1859, dit-il qu'on voyait encore la Morgue en 1840 sur le quai du Marché-Neuf? Est-ce que par hasard je le surprendrais en lui affirmant qu'elle n'a pas changé de place depuis 1840?

« L'histoire que nous allons raconter est une des plus émouvantes parmi celles qu'a conservées la tradition du lugubre établissement.

« Le 17 mars de l'année 1840, année fertile en événements politiques et judiciaires, une foule

[1] Les *Causes célèbres*, — in-8, par A. Fouquier.

énorme se pressait aux abords de la Morgue. Il était midi, et deux heures à peine auparavant avait été apporté, sur une civière, le corps d'un enfant. Déjà, de la Cité et de tous les quartiers environnants, une vive curiosité, mêlée d'une pitié profonde, attirait sur le quai du Marché-Neuf des flots de visiteurs.

« C'est que cet enfant, disait-on, avait été assassiné dans les circonstances les plus mystérieuses et les plus horribles.

« Au jour naissant, des maraîchers qui se dirigeaient par un chemin vicinal vers la rue de Flandres, à l'extrémité de la commune de la Villette, avaient aperçu dans un fossé boueux, destiné à recevoir les eaux de la commune, le corps d'un enfant paraissant âgé de dix ans environ. La tête du petit cadavre était presque séparée du tronc par une section profonde; l'occiput et les tempes étaient à demi enfoncés.

« On courut avertir M. Moulion, commissaire de police, qui fit relever le corps et commença une enquête sommaire. Bientôt arriva M. le substitut du procureur du roi Croissant, et un rapide examen conduisit ces magistrats à des remarques étranges, à des soupçons plus étranges encore.

« L'enfant assassiné avait une douce et jolie figure, un peu hâlée par le soleil; ses membres étaient délicats, mais bien conformés. Il était revêtu d'un costume propre et presque neuf, qui semblait indiquer le fils d'ouvriers aisés : une blouse de coton brune à raies noires, un gilet de tricot de laine, un pantalon brun.

« Dans le fossé, près de la tête, on ramassa une petite calotte grecque à fond rouge. Au col, entre le gilet et la chemise, était suspendue par un cordon en caoutchouc une petite médaille, en argent, de la Vierge. Dans une carnassière d'enfant, attachée sur l'épaule par une courroie, on trouva une toupie.

« La blouse était flottante, et la ceinture de cuir verni qui la serrait à la taille avait été détachée avant le meurtre ; le pantalon était déboutonné et tombait sur les genoux. Fallait-il donc croire que le crime avait été précédé de quelque immonde brutalité.

« En haut du fossé, sur l'étroit sentier qui bordait les terres labourées, on remarqua une mare de sang. C'était donc là qu'avait été commis le meurtre. De l'autre côté du fossé, on vit qu'une charrette avait passé et stationné juste en face de l'endroit où avait été jeté le cadavre : au sillage irrégulier de ses roues, aux traces plus profondes en cet endroit des fers du cheval, à des marques de piétinements multipliés, on conjectura que les assassins avaient amené là leur victime vivante et l'y avaient égorgée. Leur audace avait de quoi étonner ; car l'endroit choisi pour le meurtre était entièrement découvert, et situé à une portée de fusil de la route d'Allemagne, toujours fréquentée, même la nuit.

« On transporta le cadavre dans une des salles du bâtiment d'octroi ; des habitants de la commune que la nouvelle du crime attirait de tous côtés, aucun ne le reconnut.

« A dix heures, on apportait le corps à la Morgue, et l'instruction chercha, par tous ses puissants moyens de police, à pénétrer ce sanglant mystère. Ordre fut envoyé à toutes les brigades de gendarmerie, dans un rayon de cent vingt kilomètres autour de Paris, de répandre la nouvelle du crime et de s'enquérir d'un enfant disparu. Des médecins furent appelés pour constater l'état du cadavre et en faire l'autopsie. De leur procès-verbal, il résulta que la supposition d'une lubricité hideuse n'avait rien de fondé. L'enfant avait dû être frappé inopinément, alors qu'il s'était placé sur le revers du fossé pour satisfaire un besoin. Le premier coup qui lui avait été porté, par un instrument piquant et contondant à la fois, avait été terrible : l'arme avait brisé l'occiput et pénétré jusqu'à la cervelle; le malheureux petit, cependant, avait eu la force de se relever, mais alors il avait été renversé par un second coup vigoureusement assené dans la direction de la tempe. Puis on lui avait coupé la gorge avec un rasoir, ou avec un couteau des mieux affilés. La mort paraissait remonter à huit ou dix heures avant la découverte du cadavre.

« Pendant le reste de la journée du 17 et pendant toute celle du 18, le flot des curieux ne cessa de remplir la salle dans laquelle, à travers le vitrage, on apercevait le corps de l'enfant, couché sur la sombre dalle, l'*Enfant de la Villette*, c'était le seul nom qu'on pût donner à la mystérieuse victime. Ce crime atroce, enveloppé de ténèbres; ces traits délicats, cette innocence endormie dans la mort, frappaient vivement les imaginations et remuaient tous les cœurs. Dans Paris, hors de Paris, on ne parlait que de l'enfant de la Villette; et cependant aucun indice ne venait soulever un coin de ce mystère : personne ne savait d'enfant disparu; personne ne trahissait, à la vue de ces restes inanimés, une de ces surprises dont la manifestation involontaire est constamment épiée par des agents mêlés à la foule.

« Alors on recourut à une mesure inouïe dans les fastes de la Morgue.

« On raconte que Pierre le Grand, visitant le cabinet du célèbre anatomiste Ruysch, y admira le corps d'un enfant préparé avec un art si parfait, que la mollesse des tissus, la fraîcheur de la peau, l'expression même des traits, y faisaient l'illusion de la vie. Cette perfection des procédés d'embaumement, qu'on attribue à Ruysch ou à Swammerdam, sur la foi d'anecdotes suspectes, un savant industriel français, M. Gannal, venait d'y atteindre. Mis sur la voie de cette belle découverte par le savant zoologiste M. Strauss-Turckheim, M. Gannal avait trouvé le moyen de préserver des cadavres entiers de la décomposition, en injectant une solution de sels alumineux par une des carotides. On avait récemment admiré, à l'exposition de 1839, la momie d'une petite fille embaumée par ce procédé, et dont les traits vermeils présentaient l'apparence du sommeil.

« Le 19 mars, on résolut de conserver de cette façon le corps de l'enfant de la Villette; car on sait que les règlements de la Morgue ne permettent l'exposition du corps que pendant trois jours : cette limite, suffisante d'ordinaire pour la reconnaissance, est d'ailleurs impérieusement commandée par les progrès rapides de la décomposition.

« M. Gannal fut appelé, et, bien que les mutilations du meurtre et de l'autopsie ajoutassent aux difficultés de sa tâche, il réussit à préparer le petit cadavre de façon à lui rendre toute l'illusion de la vie, en assurant sa conservation pendant tout le temps nécessaire à la découverte des meurtriers.

« L'enfant de la Villette fut ensuite revêtu de ses habits et placé, non plus sur la dalle lugubre, mais sur un petit lit blanc élevé sur une estrade. Dans cet état, les membres mollement arrangés sur la couchette, les joues rehaussées d'une couche légère de vermillon, il semblait s'être endormi en jouant.

« La curiosité publique n'en fut que plus excitée, et c'est ce qu'on avait voulu. Beaucoup, qui eussent reculé devant l'horrible, venaient visiter sans répugnance ce gracieux enfant, dont la vue ne rappelait aucune idée dégoûtante ou pénible.

« Le 23 mars, on crut avoir réussi à pénétrer le mystère. Un jeune garçon, revêtu d'un uniforme de pensionnat, s'écria, en voyant l'enfant de la Villette : « Tiens ! c'est Édouard, un de mes « camarades. » On interrogea l'enfant, on lui fit voir le corps de plus près, et il persista à affirmer que c'était bien là son camarade Édouard. Le pensionnat était situé dans la banlieue : nouvel indice. On y courut et on en ramena le maître, qui, à la première vue, reconnut l'erreur. Il avait laissé le jeune Édouard bien vivant au pensionnat. On put s'en assurer.

« Le lendemain, autre reconnaissance. Une femme d'une quarantaine d'années, vêtue proprement et modestement, avait attendu longtemps avant d'arriver jusqu'à la barrière qui sépare les spectateurs du vitrage. Sa taille exiguë ne lui avait pas permis de voir le corps avant d'avoir atteint le premier rang. Son tour enfin venu, elle n'eut pas plutôt jeté les yeux sur l'enfant, qu'elle pâlit et s'écria : « Ah! « mon Dieu! je crois que c'est mon pauvre enfant! » Une rumeur de surprise et d'intérêt s'élève dans la foule; les gardiens sont avertis; on fait évacuer la salle, et la femme est introduite dans la chambre des expositions. Elle regarde et s'évanouit à moitié sur une des tables funèbres. Revenue à elle : « Oui, dit-elle, c'est bien lui, voilà bien sa petite « cicatrice au front; c'est mon pauvre fils, un enfant « naturel que j'ai eu à Sainte-Reine, dans le départe- « ment de la Côte-d'Or. Au mois de juillet dernier, je « l'avais envoyé reporter de l'ouvrage dans une mai- « son voisine de la rue d'Ormesson, où j'habitais alors. « Depuis ce moment, le petit n'a pas reparu. Et ce- « pendant ce n'était pas un enfant capable de courir « et de tourner à mal. On me l'aura volé! » Une seule chose étonnait la pauvre mère, c'est que, parti avec des habits usés et rapiécés, l'enfant se retrouvât couvert de hardes presque neuves.

« La femme était portière rue du Four, elle se nommait Chavandret. On fit venir son beau-frère, qui, sans hésitation, dit : « Voilà le petit Philibert. » Plusieurs habitants de la rue d'Ormesson reconnurent aussi, dans l'enfant de la Villette, le petit Philibert Chavandret, et un maître d'école de la rue de l'*Homme-Armé*, qui avait eu parmi ses élèves le fils de la portière, le reconnut également. Il reconnut même la petite médaille de la Vierge.

« Restait à savoir comment et pour quel motif cet enfant avait été soustrait à ses parents, éloigné pendant huit mois, puis égorgé aux portes de Paris. On allait diriger de ce côté l'enquête, quand, sur quelques soupçons des magistrats instructeurs, la mère fut interrogée de nouveau. Le petit Philibert portait à la cuisse gauche un signe très-apparent, qui ne se retrouva pas sur l'enfant de la Villette. Cette pauvre femme et tous les autres témoins avaient donc été victimes d'une illusion et d'une ressemblance exagérée par l'imagination travaillant sur des souvenirs déjà confus.

« Plus de six semaines se passèrent sans incidents nouveaux. L'enquête manquait de point de départ; on ne trouvait rien.

« Ce fut alors qu'on apprit qu'un assassinat entouré des mêmes circonstances venait d'avoir lieu à Bordeaux ; l'auteur, un fou religieux nommé Elicabide, arrêté peu après, avoua son crime et se reconnut aussi pour l'assassin de l'enfant de la Villette.

« Le 2 juin, le cadavre embaumé de l'enfant de la Villette fut extrait de la Morgue et transporté à Bordeaux. Le même conducteur des messageries qui avait amené le petit Joseph Anizat plein de vie rapportait son corps inanimé. Elicabide eut encore à souffrir la vue de cette victime, qu'il croyait sans doute ne revoir jamais en ce monde. »

J'ai donné tout au long l'histoire de l'enfant de la Villette, parce que c'est le fait le plus dramatique dont la Morgue ait été le témoin; ce que nous aurions maintenant à raconter serait bien pâle auprès et de peu d'intérêt; — on ne nous en voudra donc pas d'arrêter ici cette chronique sanglante[1]. Cependant n'omettons pas le fait bizarre que voici :

Le nommé D..., âgé de vingt ans, soldat au 74e de ligne, était sorti hier avec un de ses camarades pour faire un tour de promenade. Ils entrèrent à la Morgue. D..., qui voyait pour la première fois ce funè-

[1] On n'a pas encore oublié la date du 8 mai 1842. « L'accident du chemin de fer de Paris à Versailles (*rive gauche*) est de ceux dont l'affreux souvenir ne s'efface pas de la mémoire des hommes. — Mademoiselle Rachel a été à la Morgue voir les restes qu'on y avait déposés; Beauvallet, instruit de cette visite, en parlait à la jeune tragédienne; elle voulut d'abord nier cette course, mais elle finit par en convenir. — « Il y avait bien du monde, disait-elle. — C'est qu'on savait que vous jouiez, » répondit Beauvallet. — (*Historiettes contemporaines*, *Courrier de la ville*, par Eugène Briffault, n° 5, 31 mai 1842).

bre établissement, ressentit, à l'aspect des cadavres exposés sur les dalles, une impression tellement vive, qu'il fut contraint de se retirer ; son camarade le suivit. En passant sur le pont Saint-Michel, D..., qui paraissait en proie à une grande exaltation, tenta de se précipiter dans la Seine; mais, au moment où il enjambait le parapet, il fut retenu par son compagnon, qui fut obligé d'engager une lutte avec lui et ne parvint à le contenir qu'avec une extrême difficulté.

« Conduit par des sergents de ville devant le commissaire de la section du Palais-de-Justice, D... a déclaré que les mauvais traitements exercés par son père sur sa mère, qu'il aimait beaucoup, l'avaient poussé à vouloir quitter la vie. La vue de la Morgue et de ses cadavres avait achevé de le décider à se donner la mort. Il a promis de ne pas renouveler une semblable tentative, et on l'a remis en liberté [1]. »

Au moins celui-là n'avait pas le préjugé de la Morgue.

Dans la description que nous avons faite de la *Salle d'exposition* au chap. II, nous avons dit qu'elle renfermait dix tables de marbre ; ces tables ont un numéro. Or l'histoire de chacune de ces tables, si elle n'eût pas été impossible, eût été coup sûr fort curieuse.... Mais il n'y faut pas songer;

[1] Le *Droit*, n° 27, 2 février 1859

nous venons de le dire : l'*Histoire des dix tables de la Morgue* est de toute impossibilité. Néanmoins ne finissons pas sans citer les quelques malheureux qui, dans ces dernières années, ont illustré ce monument : Duchâtelet, rédacteur du *Siècle*, ancien rédacteur en chef du *Patriote de la Meurthe*, trouvé mort au coin de la rue de la Huchette; l'acteur Lepeintre aîné, qui se jeta dans le canal Saint-Martin en revenant de voir jouer le *Pendu;* l'acteur Villars[1] et ce pauvre Gérard de Nerval. Encore, ces trois derniers n'ont pas été exposés : à leur arrivée à la Morgue, ils furent tout de suite déposés dans la *Salle des morts*.

Et maintenant, la Morgue, un peu avant 1830, a eu l'honneur de recevoir le corps d'un prince, d'un prince de la famille des......; mais pourquoi mettre ici ce nom qui est inscrit sur le livre d'or de Venise? Trouvé par une nuit d'hiver sur le sable fin de

[1] « Des députations de la Comédie-Française et du Gymnase se succèdent à la Morgue, où l'on s'attend, d'un moment à l'autre, à ce que le corps de Villars soit déposé. Un des gardiens de l'établissement, mis au courant des recherches qu'on faisait, répondit, l'autre jour, naïvement à un camarade du pauvre comédien qui venait s'informer si l'on avait enfin retrouvé le corps :

« — Non, monsieur, il n'est pas encore arrivé; *mais nous l'attendons d'un moment à l'autre.*

« Pour cet homme, vivant familièrement avec des cadavres qui se renouvellent sans cesse, on le voit, un mort est un voyageur qui arrive aujourd'hui et qui repart demain, et la Morgue, un hôtel où on loge à la nuit éternelle... » (*Figaro*, 28 octobre 1855.)

Saint-Ouen, le cadavre de ce grand de la terre a été transporté à la Morgue. — Ceci soit dit en passant pour les personnes qui aiment l'égalité en tout et partout.

VII

LES FILETS DE SAINT-CLOUD

VII

LES FILETS DE SAINT-CLOUD.

SOMMAIRE. — Une fête publique. — *Voyage à Saint-Cloud par mer et retour par terre.* — Les deux arches en bois du pont de Saint-Cloud. — Disparition des filets en 1810. — Ce que les Anglais en pensent. — Opinions de J. Janin, de Th. Gautier et d'Eug. Briffault sur cette question. — Le cinquième acte d'un grand drame. — *La vérité sur les filets de Saint-Cloud.* —Les archives de la Préfecture de police. — *La Morgue et les filets de Saint-Cloud.* — Note pour le lecteur qui ne serait pas satisfait.

Nous ne pouvions finir notre étude sur la Morgue que par les filets de Saint-Cloud; nous avons cherché de tous côtés, nous avons peu trouvé. — Cependant, à la fin du chapitre, on aura la vérité sur ces fameux filets, — c'est déjà quelque chose.

Ouvrons d'abord le *Tableau de Paris* du citoyen Mercier; un petit chapitre est consacré à ces intéressants filets:

« *Les Filets de Saint-Cloud.*

« Les corps des malheureux qui se noient n'ont

pas tous l'avantage d'avoir le vaste et superbe Océan pour tombeau, ainsi qu'ils s'en étaient flattés. Ils s'arrêtent, excepté pendant les temps de glaces, aux *filets de Saint-Cloud*, et celui qui a cru pouvoir s'échapper de ce monde sans laisser aucune trace est reconnu ; ses restes viennent attester à la *Morgue* son crime, son infortune et son erreur.

« Dans une fête publique que l'on donna il y a trente-deux ans environ, sur le bord de la Seine, gonflée par les grosses eaux, le désordre et l'intempérance ayant fait tomber dans la rivière plusieurs personnes, le nombre s'en trouva si considérable, qu'on leva les filets de Saint-Cloud, afin que rien n'attestât la multitude des malheureuses victimes. On trouve souvent dans ces filets les plus singuliers débris, que le hasard entasse pêle-mêle, et que la Seine a charriés de la capitale. On dit que cela ne laisse pas que de fournir un revenu pour ceux qui en ont l'administration et le bénéfice[1]. »

Le spirituel auteur du *Voyage à Saint-Cloud par mer et retour par terre* n'a eu garde de les oublier; il y trouve un nouveau sujet de raillerie :

« Non loin de la maison, nous passâmes sur un pont de pierre plus long que large ; à sa vétusté, je le pris pour un de ces vieux *acqueducs* que l'on entretient encore, pour servir de monument à l'antiquité. Je considérais attentivement de longues per-

[1] *Tableau de Paris*, de Mercier. — Nouv. édit., Amsterdam, 1782; ch. CCLIX, t. III, p. 197.

ches et des moulinets de bois disposés à chaque côté du pont de distance en distance, d'où pendaient de larges filets qui enveloppaient les arches de *pied en cape*. Je m'imaginais tantôt que c'était pour conserver les arches, tantôt qu'ils étaient là pour empêcher de passer les écumeurs de mer venant de *Cherbourg*, et qui, en cas d'obstination, s'y trouvaient pincés, comme le fut jadis Mars, cet écumeur de ménages, dans ceux de Vulcain, et enfin que c'était peut-être là où l'on venait faire la pêche de la morue et du hareng ; mais mon ami, aussi curieux que sa sœur de mon instruction, voulant achever de me *débadauder* entièrement, n'en laissait échapper aucune occasion. Il profita de celle-ci pour me dire qu'on ne pêchait dans ces mers-ci ni morue ni hareng, que c'était le meunier qui tendait ses filets pour prendre toutes sortes de petits poissons d'eau douce, comme carpes, brochets, barbillons, goujons, éperlans et autres ; et que très-souvent aussi il s'y trouvait bien des choses qui avaient été perdues à Paris ; et réellement je me souviens que j'y avais beaucoup entendu parler des *filets de Saint-Cloud*, qui étaient en grande réputation pour cela ; je le pressai fort d'y descendre avec moi, et de les lever pour voir si je n'y trouverais point mon chapeau et ma perruque que j'avais perdus en venant de Paris. Il eut la complaisance de me conduire chez le meunier; nous n'y trouvâmes que sa fille, qui nous parut fort aimable et ne se sentant point du tout de la trémie d'où elle était sortie; elle nous reçut très-poliment et avec des façons d'une fille au-dessus de son état. Après lui avoir donné le signalement de ce que nous demandions, elle nous ouvrit une grande armoire remplie de tant de sortes de choses, que l'inventaire en serait trop long ici et trop fatiguant pour moi. Tout ce dont je me souviens, c'est qu'après avoir examiné nombre de chapeaux, je n'y trouvai point le mien; j'y remuai un tas de perruques de médecins et de procureurs sans y reconnaître la mienne; j'y comptai deux cent douze calottes, cent vingt-neuf bonnets d'actrices de l'Opéra, seize petits manteaux d'abbés, dix-huit redingotes, vingt-deux capotes, cent-cinquante frocs de moines de différents ordres, et un nombre infini de méchants livres nouveaux, que le lecteur, outré de colère de les avoir payés si cher, avait jetés à l'eau [1]. »

Je trouve à l'article *Saint-Cloud*, dans un dictionnaire historique des environs de Paris, les quelques lignes suivantes, dans lesquelles il est fait mention des filets :

«.... Henri IV, après la bataille d'Ivry, voulant réduire la capitale en l'affamant, s'empara du pont de Saint-Cloud en même temps qu'il prenait possession de celui de Charenton. C'est alors que les ligueurs, voulant au moins le rendre inutile à ce prince, firent sauter les deux arches du milieu.

[1] *Voyage de Paris à Saint-Cloud par mer et retour par terre*, de Néel ou Nel. — Paris, 1843, p. 95, 98. — La première édition est de 1787.

Rebâties depuis en bois, elles sont restées longtemps en cet état, et c'était après ces deux arches qu'on avait par la suite attaché ces immenses filets, dits de *Saint-Cloud*, qui avaient tant de réputation à Paris. Ces filets étaient tendus jour et nuit, et leur destination avait pour objet d'arrêter et de recueillir les effets entraînés par le cours de l'eau, et les cadavres de ceux que le désespoir poussait à se jeter dans la rivière, ou qui y étaient précipités par des assassins.

« En 1810, ces deux arches en bois furent remplacées par deux arches en pierres et le pont réparé en son entier. Un moulin, qui était placé à l'extrémité voisine de la rive droite, fut démoli; les filets furent enlevés... [1]. »

Le petit livre des *Curiosités de Saint-Cloud* constate seulement ce dernier fait : « En 1810 le pont fut réparé, et le moulin qui était situé sur l'extrémité voisine de la rive droite fut démoli; les *filets furent enlevés*... [2]. »

Dulaure, dans les *Environs de Paris*, dit simplement que « c'est à ce pont qu'on attachait autrefois ces fameux filets dits de *Saint-Cloud*, afin d'arrêter les objets et les cadavres que le courant de la Seine entraînait de Paris [3]. »

[1] *Dictionnaire historique, topographique et militaire de tous les environs de Paris*, par P. St-A. (Peyre), in-12.

[2] Les *Curiosités de Saint-Cloud*, par J. P. C***, 1815. In-12.

[3] *Hist. des environs de Paris*, par Dulaure, 1820, in-8.

Saint-Edme reproduit dans *Paris et ses Environs* [1] ce que nous avons extrait des *Curiosités de Saint-Cloud* et du *Dictionnaire* de P. St.-A. (Peyre).

M. Léon Gozlan, dans son article *Morgue*, article dont nous avons longuement parlé plus haut, s'exprime ainsi :

« Un jour on trouverait la Morgue aux filets de Saint-Cloud, s'il existait des filets à Saint-Cloud; mais c'est une erreur qu'il faut absolument détruire: pardon pour cette illusion perdue! Il n'y a pas de filets à Saint-Cloud et il ne saurait y en avoir. La trame qui arrêterait les voyageurs sous-marins serait, ou assez plongée dans la rivière pour n'être pas déchirée par les bateaux, et, dans ce cas, elle laisserait passer les noyés, ou elle s'élèverait à fleur d'eau, et alors les bateaux et les trains ne passeraient plus. »

Comme M. Gozlan, M. Touchard-Lafosse nie l'existence des filets de Saint-Cloud :

« Un nouveau pont en pierre, fini durant la Restauration, remplace celui construit sous le règne d'Henri II avec l'assistance du diable. On n'a point attaché à ses arches ces fameux et inutiles filets si plaisamment célébrés dans le *Voyage de Paris à Saint-Cloud par terre et par mer* [2]. »

[1] *Paris et ses Environs*, par Saint-Edme et G. Sarrut, 2 vol. in-8, 1827.

[2] Les *Environs de Paris*, par l'élite de la littérature contemporaine. — Paris, 1855, 1 vol. in-8, publié par Paul Boizard.

En revanche, miss Trollope en parle comme si elle les avait vus :

« La Seine est le grand réceptacle qui reçoit en premier lieu les victimes du crime ou du désespoir; mais elles ne peuvent pas longtemps éluder la vigilance de la police parisienne. Un grand filet, tendu en travers de la rivière à Saint-Cloud, reçoit et retient tout ce que le courant entraîne; et tout ce qui, parmi les objets de cette affreuse pêche, offre la moindre trace d'une forme humaine est journellement envoyé à la Morgue. Je dis JOURNELLEMENT, car il est rare que ses tristes niches demeurent vides pendant vingt-quatre heures. Huit, dix, douze corps arrivent souvent à la fois par la triste caravane des *filets de Saint-Cloud*[1]. »

Tout cela n'éclaircissait guère la question, lorsque je me rappelai qu'il existait une pièce intitulée les *Filets de Saint-Cloud;* je me la procurai. En voici le titre exact : LES FILETS DE SAINT-CLOUD, *drame en cinq actes*, par MM. Benjamin Antier et Decomberousse. *représenté pour la première fois, à Paris, sur le théâtre de la Gaîté, le 17 février* 1842. Puis je pensai que MM. les feuilletonnistes, en rendant compte de la pièce, parleraient probablement des filets, et je lus avidement une foule de comptes rendus de ce drame indigeste. Dans les *Débats* Jules Janin s'écriait:

« Dites-moi cependant si vous croyez aux filets de

[1] *Paris et les Parisiens en* 1835, par miss Trollope. - Paris, 1836, 3 vol. in-8.

Saint-Cloud. Est-il vrai que, sous les arches de ce beau pont qui réunit ces deux rives verdoyantes, on ait établi un affreux filet où viennent nécessairement aboutir tous les crimes de la rivière, depuis le pont au Change jusqu'au pont de Saint-Cloud? Je ne le crois pas, pour ma part. Plus d'une fois je me suis assis à ce rivage, et là, dans l'onde transparente, au bruit de l'aimable murmure, quand les douces collines vont çà et là se mirant dans le fleuve, je n'ai pas vu d'autres filets que celui du pêcheur de poissons. Un filet rempli de cadavres! y pensez-vous? Et pourquoi le mettre à Saint-Cloud, et non pas plus bas, à Rouen, par exemple? »

Théophile Gautier doute aussi :

« Nous ne voulons point rechercher s'il existe réellement à Saint-Cloud des filets destinés à l'horrible pêche que vous savez. Peu nous importe. Le théâtre est le pays des inventions, toutes y sont admises, pourvu qu'elles soient vraisemblables, et, dans le cas présent, il y a, si l'on peut dire, notoriété publique. D'ailleurs, nous n'avons pas le temps de discuter. La toile se lève. » Il termine ainsi : « Le décor du cinquième acte, représentant le pont de Saint-Cloud et ses filets contestés, est d'un fort joli effet. » (*Presse.*)

Et cependant, si Th. Gautier avait eu le temps de discuter, que de recherches vaines, que de temps perdu m'eût-il peut-être épargnés? Mais il l'a dit, la toile se lève, et M. Eugène Briffault commence ainsi :

« Les filets de Saint-Cloud, c'est à la fois la plus ancienne et la plus menteuse de toutes les mystifications du monde parisien. Nous pourrions borner à cette réflexion l'analyse du drame...., » etc. (*Le Temps*.)

La *Patrie* plaisante agréablement, ce qui ne nous avance en rien : « Tout Paris se laissera prendre aux *Filets de Saint-Cloud*. »

Quant au *Moniteur*, au *Siècle*, au *Courrier Français*, au *National*, au *Globe*, au *Messager*, etc., ces différents journaux rendent compte de la pièce sans se préoccuper de l'existence contestée des filets de Saint-Cloud.

Mais la pièce! me direz-vous. — Ah ! la pièce.....

Un enfant a été jeté par-dessus le pont de Saint-Cloud, il s'est arrêté dans les filets: voilà le nœud de ce drame sur lequel je suis enchanté de n'avoir pas à donner mon opinion. Il est probable que l'auteur de ce crime ne croyait pas aux *filets de Saint-Cloud*, car il lui était bien facile de traverser le pont et de jeter l'enfant de l'autre côté, c'est-à-dire au delà des filets. Il y a encore une pauvre femme séduite qui s'en vient par eau de Sèvres à Saint-Cloud, c'est même à ce propos que les filets entrent en scène :

ACTE CINQUIÈME.

—

Le théâtre représente le pont et les filets de Saint-Cloud ; à gauche, l'auberge du Point-du-Jour. En face, la cabane du gardien des filets.

(On le voit, rien de plus net et de plus précis.)

SCÈNE XI.

VERDIER, s'essuyant le front.

Ah ! l'affreuse scène !

Pendant ce temps, Bastien arrive dans son bateau avec Picard. Le bateau s'arrête sous une des arches du pont. Bastien quitte le bateau et monte sur le pont pour tourner la manivelle.

PETIT-JEAN, pendant ces préparatifs, regarde avec tristesse dans l'auberge où l'on a fait entrer son maître.

Pauvre brave homme, il est comme mort auprès de ma marraine. Ah ! v'là qu'on lève les filets.

Bastien fait aller le tourniquet, tous les spectateurs regardent ce mouvement.

BASTIEN, continuant de tourner.

Oh ! elle y est, la pauvre femme : d'ici, je distingue déjà du blanc qui flotte.....

PETIT-JEAN.

Son peignoir de lit..... comme Laurent appelait ça.

L'assistance se presse sur le bord pour voir les filets arriver à fleur d'eau.

Mais en voilà assez, je pense.....

Les *filets de Saint-Cloud* n'ont jamais existé administrativement ; il n'y a aux archives de la Préfecture de police aucun arrêté, aucune ordonnance les concernant, à ce que m'a assuré du moins M. Labat, le savant archiviste de l'Hôtel. Ce fait s'est naturellement confirmé à la mairie de Saint-Cloud.

Maintenant il y a, en effet, des filets [1] attachés au pont de Saint-Cloud; ces filets appartiennent à des pêcheurs qui ont obtenu l'autorisation de garnir le pont, à l'exception de l'arche marinière par laquelle passent les bateaux, les trains de bois, etc.; il est donc tout naturel que ce que la rivière charrie vienne s'y arrêter, et on a pu quelquefois y trouver des cadavres, je dis quelquefois, parce que j'ai toujours entendu exagérer ce fait : *Huit, dix, douze corps arrivent souvent à la fois par la triste caravane des filets de Saint-Cloud* (miss Trollope), et qu'en

[1] « *Guideaux* ou *dideaux*, c'est le nom des filets qui s'accrochent à un moulinet sur les ponts, et que l'on descend dans l'eau pour en boucher quelques-unes des arches. » *Traité de la Police*, par Delamare. Paris, 1722, 4 vol. in-fol. *Guideau*, s. m., filet de pêche en manche. — Boiste.

réalité les filets n'envoient pas à la Morgue un cadavre par année.

Ai-je cité tout ce qui a été écrit sur les *filets de Saint-Cloud?* Non certainement, mais je m'arrête ici, n'ayant rien trouvé d'historique et rien de bien intéressant, pas même la chanson des *Filets de Saint-Cloud!*

Note. — Au lecteur que ce sujet tenterait et que n'auraient pas satisfait mes explications, je dirai de ne pas chercher dans le *Dictionnaire topographique des environs de Paris*. d'Oudiette; dans le *Nouveau Dictionnaire des environs de Paris*, de Dufey; dans les *Voyages pittoresques des environs de Paris*, de d'Argenville; dans les *Voyages aux environs de Paris*, de S. Delort; ni dans les *Curiositez de Paris, de Versailles, de Saint-Cloud*, etc., de Lerouge, parce qu'il n'en est même pas parlé. — Ce serait du reste chose semblable s'il cherchait dans les *Histoires de la ville* de Paris, de Félibien et Lobineau, — de Lebeuf, — de Touchard-Lafosse, — de Th. Lavallée, — de Destigny de Caen; dans les *Recherches historiques, critiques*, etc., sur la ville de Paris, de Jaillot; dans la *Description de la ville de Paris*, de G. Brice,—de Beguillet; dans le *Tableau de la ville de Paris*, de Jèze, — de J. B. de Saint-Victor; dans le *Manuel des voyageurs à Paris*, de P. Villiers; dans le *Dictionnaire historique de la ville de Paris*, de Hurtault, — de de la Tynna, — de A. Béraud, etc.

Rien non plus dans les *Nouveaux Essais historiques sur*

Paris, du chevalier du Coudray; dans le *Provincial à Paris*, de L. Montigny; dans les *Voyages d'un jeune Grec à Paris*, de Mazier du Heaume; dans *Paris, tableau moral et philosophique*, de Fournier Verneuil; dans les *Souvenirs de Paris en* 1805, de Kotzebue, etc.

Rien dans le *Paris burlesque*, de Cl. le Petit, — de Colletet; dans *Tout Paris en vaudevilles*, de Marant, et dans le *Joli Tableau de la belle France et de sa superbe capitale*, de l'agronome Dubignac, etc.

Rien dans l'ouvrage intitulé : *Détails des succès de l'établissement que la ville de Paris a fait en faveur des personnes noyées, avec les différentes instructions qui y sont relatives*, etc., par M. Pia.

Les encyclopédies, dictionnaires des mœurs, usages, les livres de curiosités historiques, de traditions, de légendes, d'erreurs célèbres, gardent aussi le silence à ce sujet.

Etc., etc.

TABLE DES MATIÈRES.

I

LA BASSE-GEOLE DU GRAND-CHATELET.

II

DESCRIPTION DE LA MORGUE.

III

ADMINISTRATION.

IV

STATISTIQUE.

V

ERREURS ET PRÉJUGÉS.

VI

LA LÉGENDE DE LA MORGUE.

VII

LES FILETS DE SAINT-CLOUD.

www.ingramcontent.com/pod-product-compliance
Ingram Content Group UK Ltd.
Pitfield, Milton Keynes, MK11 3LW, UK
UKHW031857260826
14628UKWH00002B/819

9 782019 135812